キラキラ☆
おうちスタディブック
小4用シール

JN026488

◉お勉強チェックシール

※学び終わったところにはろう

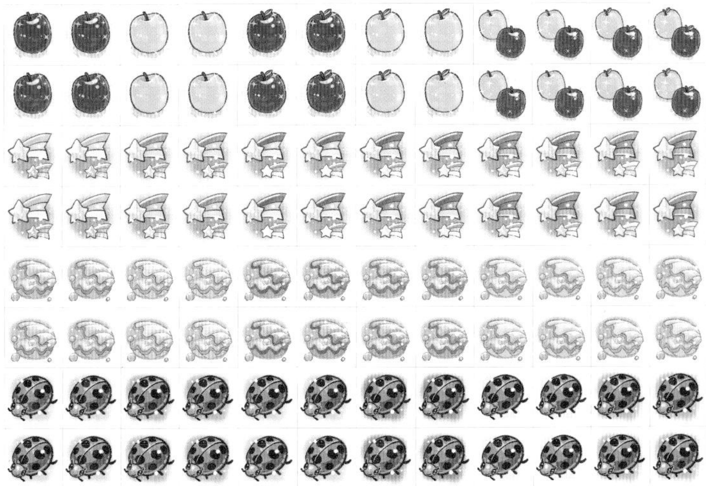

新学習指導要領対応版

「かわいい」が好きで勉強も楽しくやりたい小学生におくる!

キラキラ☆おうちスタディブック 小4

★英語 ◆算数 ♣理科 ♠社会 ♥国語

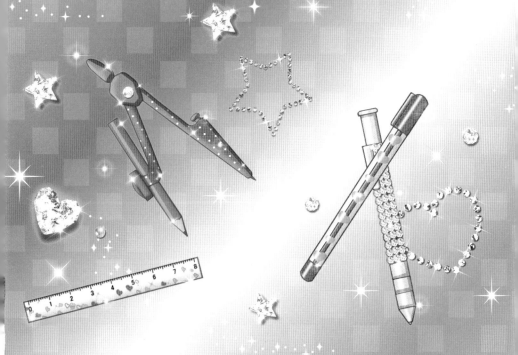

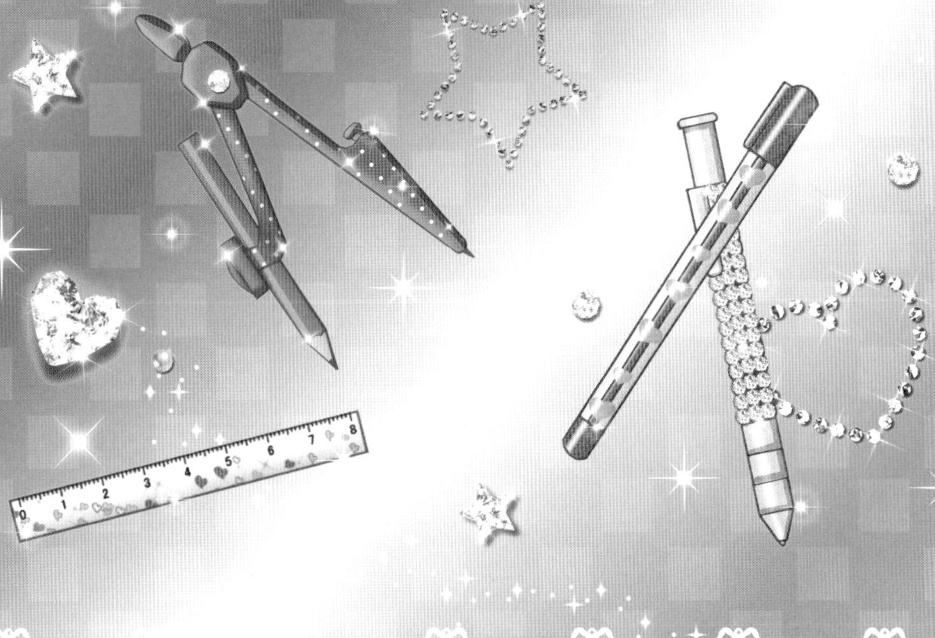

TAC出版
TAC PUBLISHING Group

お勉強チェックシートの使い方

この本の最初には、学習の進みぐあいがかくにんできるお勉強チェックシートがついているの。お勉強チェックシートは切りはなして使えるようになっているよ。

お勉強チェックシート

問題をといて答え合わせをしたら、シールをはって日付を書こう。

うら面にもあるよ。

教科によって色がちがうよ。

ここにシールをはってね。

教科の後ろについている番号は、単元番号を表しているよ。

ここに日付を書いてね。

順調か？
どんどん進めていこう！
これからいっしょにがんばろう。
問題がとけたらシールをはって日付を書こう♪
学習の進みぐあいがかくにんできちゃう！
お勉強チェックシート
START

ここから始まるよ！

登場人物紹介

如月（きさらぎ） かぐや

ニックネーム＊カグヤ

聖ニコル学園に通う
女の子。
国語と社会がとくい。

しゅみ＊読書　すきなもの＊スイーツ♡

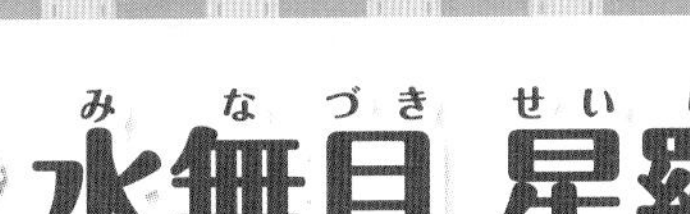

水無月（みなづき） 星羅（せいら）

ニックネーム＊セーラ

聖ニコル学園に通う
女の子。
算数と理科がとくい。

しゅみ＊天体観測（かんそく）　しょう来のゆめ＊宇宙飛行士（うちゅうひこうし）

聖ニコル学園の先生たち

聖ニコル学園の先生たちは，学校のそばの伝説(でんせつ)の泉(いずみ)に落っこちちゃったせいで，いつもは動物のすがたなの。でも，ピンチになったら，人間のすがたになって助けてくれるよ。いっしょにがんばろうね！

英語：金子(かねこ)ウィリアム虹也(こうや)　リアム先生

英語？　オレにまかせときな。

泉に落ちて…

特技　サーフィン
趣味　筋トレ

算数：村崎(むらさき)　カイト　カイト先生

泉に落ちて…

算数の楽しさ，教えてやるよ。

特技　プログラミング
趣味　映画をみること

理科：緑川(みどりかわ) 陸(りく)　リク先生

理科のこと、
もっと知って
ほしいな・・・。

泉に落ちて…

特技　料理
趣味　ハーブを育てること

社会：青柳(あおやぎ) 空太(そらた)　ソラ先生

泉に落ちて…

オレといっしょに
社会の勉強
しようぜ！

特技　サッカー
趣味　焼肉屋さんめぐり

国語：赤羽(あかばね) 流星(りゅうせい)　リュウ先生

国語のことなら
ぼくにまかせて。

泉に落ちて…

特技　走ること
趣味　百人一首

この本の使い方（英語）

英語の授業は楽しめているかな？ この本では、イラストを使って単語を想像しながら英語を勉強できるよ！ 学校で勉強する内容の予習・復習にも役立つよ!!

1 おうちスタディのやり方

① アルファベットやそれぞれの単元で覚えてほしい単語を、イラストを使ってしょうかいしているよ。

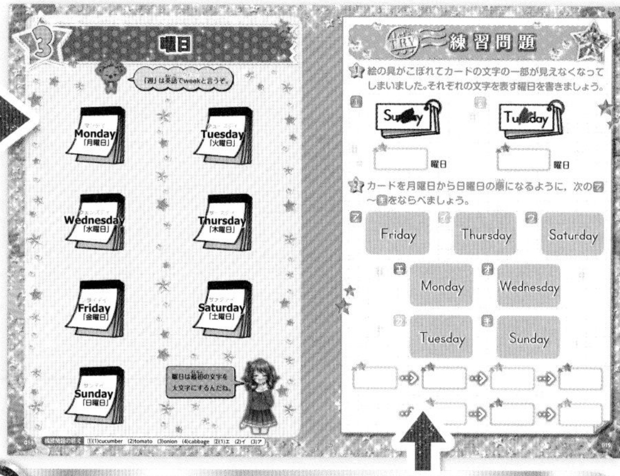

3
曜日
「週」は英語でweekと言うぞ。
Monday「月曜日」
Tuesday「火曜日」
Wednesday「水曜日」
Thursday「木曜日」
Friday「金曜日」
Saturday「土曜日」
Sunday「日曜日」
曜日は最初の文字を大文字にするんだね。
練習問題
1 絵の具がこぼれてカードの文字の一部が見えなくなってしまいました。それぞれの文字を表す曜日を書きましょう。
曜日
曜日
2 カードを月曜日から日曜日の順になるように、次のア～キをならべましょう。
Friday
Thursday
Saturday
Monday
Wednesday
Tuesday
Sunday

② アルファベットや単語を覚えたら、練習問題をといてみよう！練習問題もふきだしでヒントを出しているから、わからなかったら、ふきだしを読もうね。

2 プチ休けい

教科の勉強が終わったら、プチ休けいしようね。「へえーそうなんだ」っていう話題がのってるよ。

プチ休けい
お洋服大好き♡
cap
sweater セーター
skirt スカート
shirt シャツ
boots ブーツ
pants ズボン

この本の使い方（算数・理科・社会・国語）

この本の特ちょうは、とにかくビジュアルが多いこと! イラスト、図表を使って、くわしく説明しているの。 また、1冊に学年1年分の学習内容がギュッとつまっているので、1年間の総復習にも役立つよ!!

1 おうちスタディのやり方

1 まずは各単元のポイントを楽しい会話といっしょにかくにんしよう。

2 たいせつマークのところはきちんと理解しようね。

3 ポイントをおさえたら、練習問題をといてみよう! 練習問題もふきだしでヒントを出してるから、わからなかったら、ふきだしを読もうね。

4 これだけはおさえて! では、なんと動物の先生がイケメン先生に姿を変えて登場!! たいせつなポイントを念押ししてくれるよ。

3 雨水のゆくえと地面のようす
地面にふった雨水のゆくえや、雨がふったあとの地面のようすを調べよう。
雨水のゆくえ
雨がふったあとは、くぼんで低くなったところに、水がたまっているわ！
雨水が、高いところから低いところへ流れて集まったのよ！
水が地面を流れるときは、高いところから低いところへと流れていく。雨水が流れていく方向は、地面がかたむいて、低くなってるってことだぞ！
水のしみこみ方
なんですな場のまわりにしか水たまりがないの？
水のしみこみ方は、土のつぶの大きさによってちがうのよ！
小石やすなのようにつぶが大きいと、水がしみこみやすく、水がたまりにくいんだ。土のつぶが小さいどろは、水がしみこみにくいぞ。
練習問題
ア 低いところから高いところへ流れる。
イ 高いところから低いところへ流れる。
ウ 流れ方に決まりはない。
2 どろ、すな、小石をそれぞれ入れたペットボトルに、同じ量の水を入れたときの水のしみこみ方として正しいものを、次のア〜ウから1つ選びましょう。
ア どろがいちばん水がしみこみやすい。
イ すながいちばん水がしみこみやすい。
ウ 小石がいちばん水がしみこみやすい。
どろ、すな、小石の順に、つぶの大きさが大きくなるのよ。
つぶが大きいほうが、水がしみこみやすいんだよ。
これだけはおさえて！
水は、高いところから低いところへ流れるよ！
水たまりができるのにも、理由があるのさ。

2 ポイントまとめ

教科の最後にはポイントまとめがあるから、ちゃんと読んで理解しようね。

3 プチ休けい

教科の勉強が終わったら、プチ休けいしようね。「へえーそうなんだ」っていう話題がのってるよ。

CONTENTS もくじ

1時間目 英語 English

2時間目 算数 Mathematics

3時間目 理科 Science

4時間目 社会 Social Studies

5時間目 国語 Japanese

※国語は190ページからはじまるよ！

国語
辞典

1
時間目
英語
English

オレに会うときは
英語(えいご)であいさつな！

1 アルファベット

アルファベットは26文字あって，大文字と小文字があるんだぜ。
下の表の左の文字が大文字，右の文字が小文字だぞ。

エイ	ビー	スィー	ディー
A a	B b	C c	D d
イー	エフ	ヂー	エイチ
E e	F f	G g	H h
アイ	ヂェイ	ケイ	エル
I i	J j	K k	L l
エム	エン	オウ	ピー
M m	N n	O o	P p
キュー	アー	エス	ティー
Q q	R r	S s	T t
ユー	ヴィー	ダブリュー	エックス
U u	V v	W w	X x
ワイ	ズィー		
Y y	Z z		

アルファベットは英語(えいご)や
ローマ字を書くときに使うよ。

Let's TRY 練習問題

練習問題の答えは次のページにあります。

アルファベットの大文字と小文字の組み合わせが正しければ○を，ちがっていれば×を［　］に書きましょう。

(1)

D
b

(2)

G

g

(3)

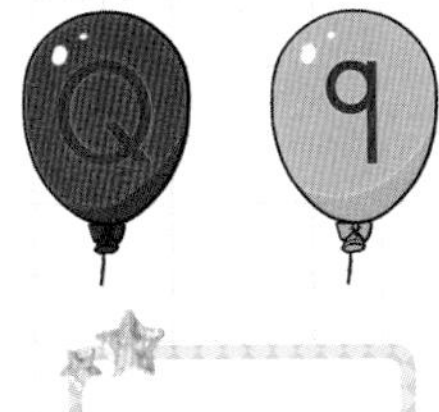

Q
q

(4)

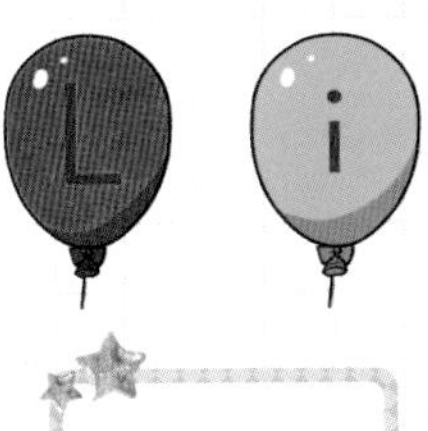

L
i

形のにている
小文字に
注意してね。

2 それぞれのビスケットは何こずつありますか。ビスケットの数を［　］に書きましょう。

M e h e
h R
h e
e M e

(1) M

こ

(2) R

こ

(3) e

こ

(4) h

こ

2 野菜

「野菜(やさい)」は英語(えいご)でvegetable(ヴェチタブル)と言うぞ。

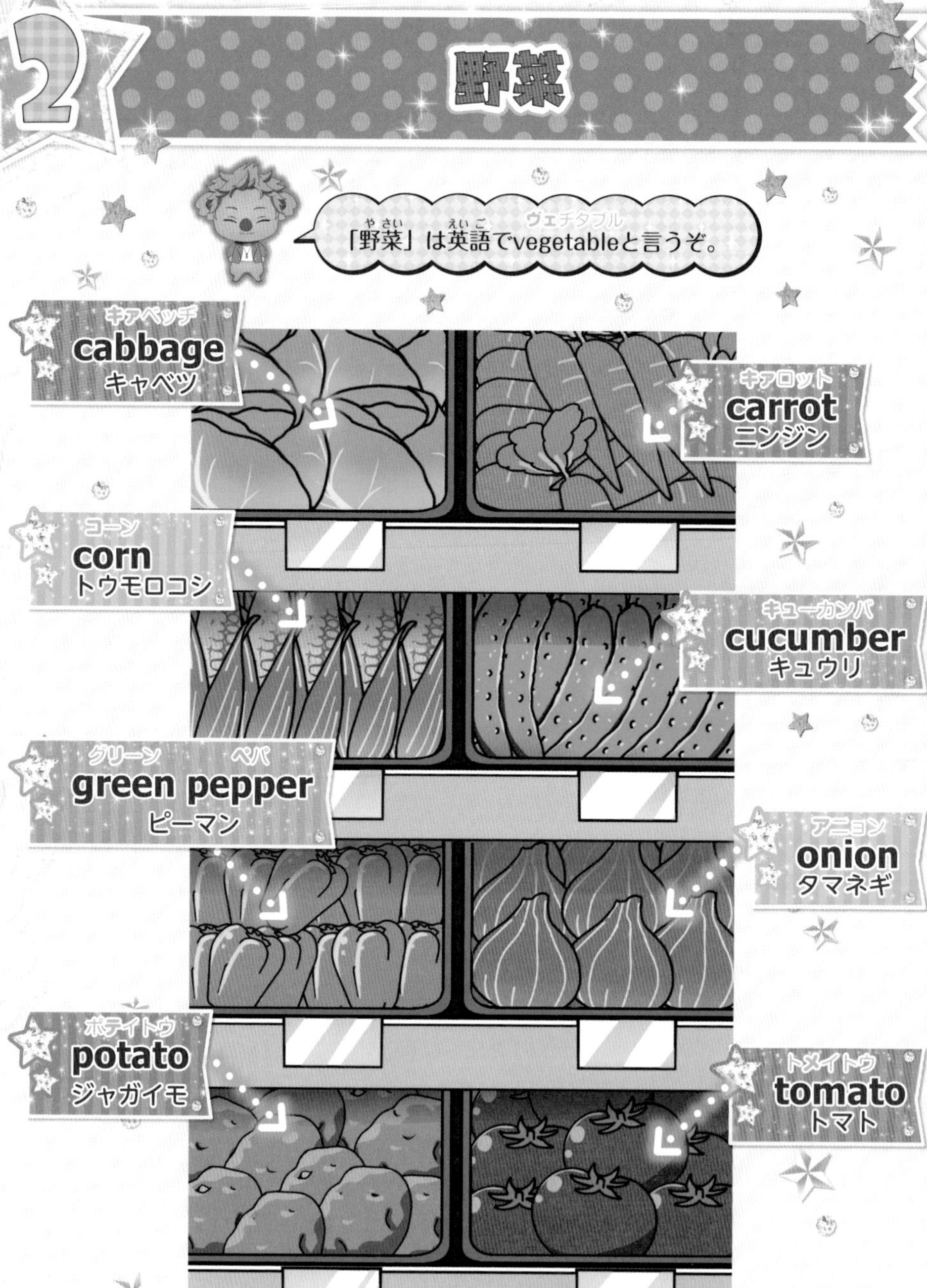
キァベッヂ
cabbage
キャベツ
キァロット
carrot
ニンジン
コーン
corn
トウモロコシ
キューカンバ
cucumber
キュウリ
グリーン ペパ
green pepper
ピーマン
アニョン
onion
タマネギ
ポテイトウ
potato
ジャガイモ
トメイトウ
tomato
トマト

練習問題の答え ①(1)× (2)○ (3)○ (4)× ②(1) 2(こ) (2) 1(こ) (3) 5(こ) (4) 3(こ)

Let's TRY 練習問題

1 絵を表す単語として正しいものを○でかこみましょう。

(1)

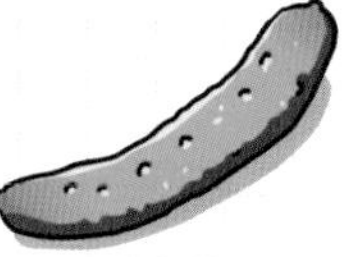

green pepper
cucumber

(2)

tomato
potato

(3)

onion
corn

(4)

carrot
cabbage

2 女の子が家庭菜園にいます。女の子が持っている野菜を表す単語をあとのア～エから１つずつ選びましょう。

(1)

(2)

(3)

ア potato　イ corn　ウ onion　エ carrot

3 曜日

「週」は英語でweekと言うぞ。

マンデイ
Monday
「月曜日」

テューズデイ
Tuesday
「火曜日」

ウェンズデイ
Wednesday
「水曜日」

サ～ズデイ
Thursday
「木曜日」

フライデイ
Friday
「金曜日」

サァタデイ
Saturday
「土曜日」

サンデイ
Sunday
「日曜日」

曜日は最初の文字を大文字にするんだね。

練習問題の答え 1 (1)cucumber (2)tomato (3)onion (4)cabbage 2 (1)エ (2)イ (3)ア

Let's TRY 練習問題

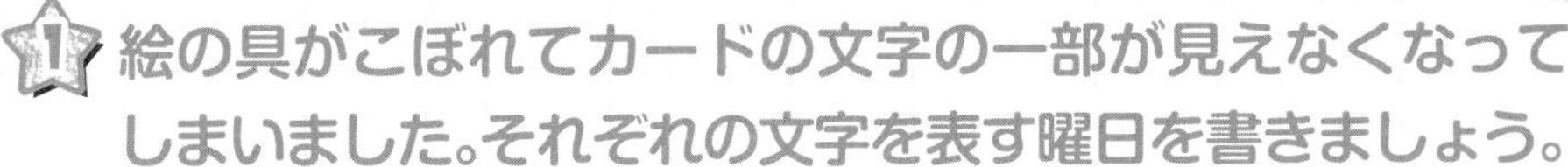

1 絵の具がこぼれてカードの文字の一部が見えなくなってしまいました。それぞれの文字を表す曜日を書きましょう。

(1)

(2)

 曜日

 曜日

2 カードを月曜日から日曜日の順(じゅん)になるように，次のア～キをならべましょう。

ア Friday

イ Thursday

ウ Saturday

エ Monday

オ Wednesday

カ Tuesday

キ Sunday

 →  →  → 

→  →  → 

4 毎日すること

brush my teeth（ブラッシ マイ ティース）
歯をみがく

wash my face（ワッシ マイ フェイス）
顔をあらう

check my school bag（チェック マイ スクール バァッグ）
通学かばんをかくにんする

leave my house（リーヴ マイ ハウス）
家を出る

go to school（ゴウ トゥー スクール） 学校へ行く

go home（ゴウ ホウム） 家に帰る

do my homework（ドゥー マイ ホウムワ～ク）
宿題をする

finish my dinner（フィニッシ マイ ディナ）
夕食を終える

練習問題の答え　1 (1)日(曜日)　(2)火(曜日)　2 エ→カ→オ→イ→ア→ウ→キ

Let's TRY 練習問題

1 次の表はセーラの朝のすごし方をまとめたものです。表を見て，それぞれの時こくに何をするかをあとのア～エから１つずつ選びましょう。

時こく	すること
7:00	brush my teeth
7:15	check my school bag
7:40	leave my house

(1) 7:00　　

 歯をみがく　　 家を出る

 顔をあらう　　 通学かばんをかくにんする

2 次のメモを読んで，(1)～(3)の内容を表す英語をア～エから選んで［　］に書きましょう。

わたしの１日

わたしは毎朝，えみちゃんと(1)学校へ行きます。(2)夕食を終えると，おふろに入ります。わたしはねる前に(3)宿題をします。

 go to school

 go home

 do my homework

 finish my dinner

5 あいさつ

「あいさつ」は英語(えいご)でgreeting(グリーティング)と言うぞ。

Hello.（ヘロウ） やあ。

Good morning.（グッド モーニング） おはよう。

Good afternoon.（グッド アフタヌーン） こんにちは。

Good night.（グッド ナイト） おやすみ。

Goodbye.（グッ(ド)バイ） さようなら。

See you.（スィー ユー） またね。

Sorry.（サリ） ごめんなさい。

Thank you.（サァンク ユー） ありがとう。

練習問題の答え　1 (1)ア　(2)イ　2 (1)ア　(2)エ　(3)ウ

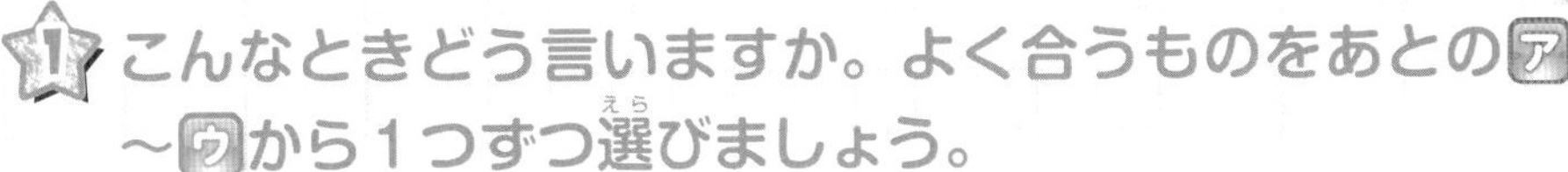
Let's TRY
練習問題

1 こんなときどう言いますか。よく合うものをあとのア～ウから１つずつ選(えら)びましょう。

(1)

(2)

ア Good morning.
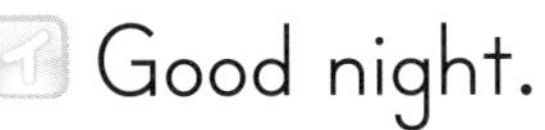
イ Good night.

ウ Sorry.

2 絵の内容と英語の組み合わせが正しければ○を，ちがっていれば×を□に書きましょう。

(1)

See you.

(2)

Thank you.

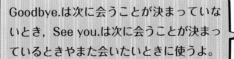

Goodbye.は次に会うことが決まっていないとき，See you.は次に会うことが決まっているときやまた会いたいときに使うよ。

チェックテスト【英語】

⇒答えと解説は P.192

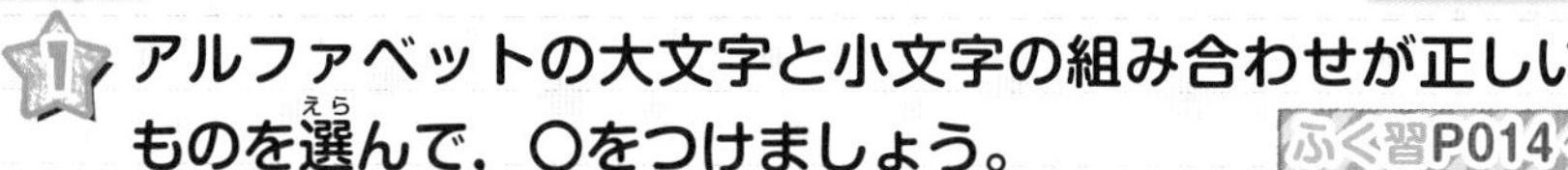

1 アルファベットの大文字と小文字の組み合わせが正しいものを選んで，○をつけましょう。 ふく習P014

□ (1) F　f　t

□ (2) M　w　m

□ (3) y　Z　Y

□ (4) r　R　N

2 絵や図の中にないものを［　　］から選んで○でかこみましょう。

□ (1) ふく習P016

tomato・onion・cucumber・corn

□ (2) ふく習P018

予定表

月曜日	ピアノのレッスン
火曜日	図書館へ行く
土曜日	お買い物

Saturday・Monday・Wednesday・Tuesday

練習問題の答え　1(1)イ　(2)ウ　2(1)×　(2)○

3 絵を表す英語として正しいものを○でかこみましょう。

□ (1) ふく習P022

Hello.
Sorry.

□ (2) ふく習P020

leave my house
brush my teeth

□ (3) ふく習P022

Good night.
Goodbye.

4 (1)，(2)のそれぞれの絵を表す英語の□には同じアルファベットが入ります。そのアルファベットを□から選んで○でかこみましょう。

□ (1) ふく習P016

□arrot　　□abbage

g・m・c

□ (2) ふく習P018

木　Thu□sday　　金　F□iday

y・r・w

プチ体けい

お洋服大好き♡

ふだん身につけているものは英語では何と言うのかな。

キァップ
cap ぼうし

スウェタ
sweater セーター

スカ～ト
skirt スカート

シャ～ト
shirt シャツ

パァンツ
pants ズボン

ブーツ
boots ブーツ

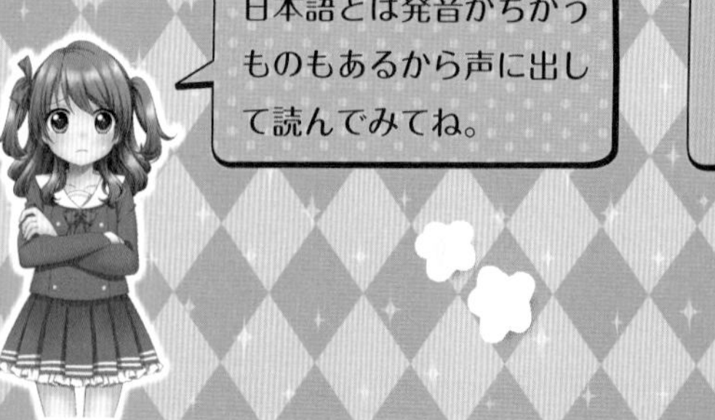
日本語とは発音がちがうものもあるから声に出して読んでみてね。

単語の上にあるカタカナの太い文字を強く読んでみてね。

2
時間目
算数
Mathematics

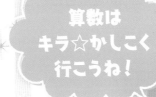

算数は
キラ☆かしこく
行こうね！

1 大きい数のしくみ

大きい数のしくみについて覚(おぼ)えよう。

① 大きい数は，右から4けたごとに区切る！

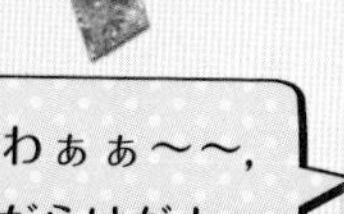
うわぁぁ～～，
数だらけだよぉ。

	一兆の位	千億の位	百億の位	十億の位	一億の位	千万の位	百万の位	十万の位	一万の位	千の位	百の位	十の位	一の位	
	8	2	1	3	0	5	9	6	4	7	2	3	6	
1億(おく)					1	0	0	0	0	0	0	0	0	
10億				1	0	0	0	0	0	0	0	0	0	10倍
100億			1	0	0	0	0	0	0	0	0	0	0	10倍
1000億		1	0	0	0	0	0	0	0	0	0	0	0	10倍
1兆(ちょう)	1	0	0	0	0	0	0	0	0	0	0	0	0	10倍

どんな大きさの数でも，0，1，2，3，4，5，6，7，8，9の10この数字で書き表すことができるぞ。

② 10倍，$\frac{1}{10}$にした数は位(くらい)が変(か)わる！

十	一	千	百	十	一	千	百	十	一
	億				万				
8	0	0	0	0	0	0	0	0	0
	8	0	0	0	0	0	0	0	0
		8	0	0	0	0	0	0	0

10倍にしたり，$\frac{1}{10}$にしたりすると，8の場所が動くんだよ。

たいせつ

それぞれの位の数字は，10倍にすると位が1つ上がり，$\frac{1}{10}$にすると位が1つ下がるんだ。どんな数でもこれは変わらないな。

Let's TRY 練習問題

練習問題の答えは次のページにあります。

1 数字で書きましょう。

(1) 二億四千万

(2) 1億を6こ，100万を2こあわせた数

(3) 1兆を8こ，1億を5こあわせた数

えっとぉ〜,「0」が…いくつ…？

右から4けたごとに区切るといいよ！

2 次の数を10倍した数，$\frac{1}{10}$にした数はいくつですか。

(1) 2000万

10倍　　$\frac{1}{10}$

(2) 70億

10倍　　$\frac{1}{10}$

(3) 4兆

10倍　　$\frac{1}{10}$

位をまちがえないようにしないとね！
うっかり0を多く書いてしまった…なんてつまらないミスするんじゃないぞ。
大じょう夫！そんなミスしませ……あ！

おいっ！

2 がい数

がい数について，理かいしよう。

42058は，だいたい
40000？50000？

① がい数はおよその数のこと！

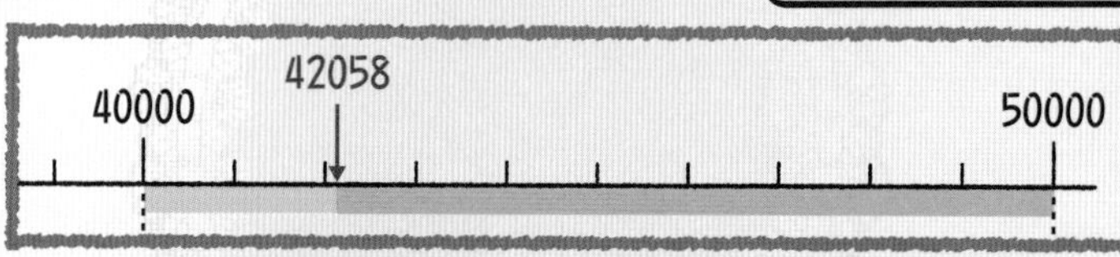

42058
40000
50000

42058
↓
およそ 40000（約40000）
↑
がい数

1つの数を，ある位までのがい数で表すとき，そのすぐ下の位の数字が，
0，1，2，3，4のときは切り捨てるよ。
5，6，7，8，9のときは
切り上げるよ。
このしかたを四捨五入というよ。

見て見て，カグヤ！42058を一万の位までのがい数で表してみたよ！

42058は，だいたい40000ってこと？

そのとおり！
一万の位までのがい数だから，千の位の「2」を四捨五入したわけだな。

② はんいを表す言葉を覚えよう！

500以上……500に等しいか，それより大きい数
500未満……500より小さい数（500は入らないよ）
500以下……500に等しいか，それより小さい数

たいせつ
「以下」と
「未満」を
まちがえないようにね！

練習問題の答え
1 (1)240000000　(2)602000000　(3)8000500000000
2 (1)2億，200万　(2)700億，7億　(3)40兆，4000億

Let's TRY 練習問題

1 次の問題に答えましょう。

(1) 8532を百の位までのがい数にしましょう。

(2) 369524を千の位までのがい数にしましょう。

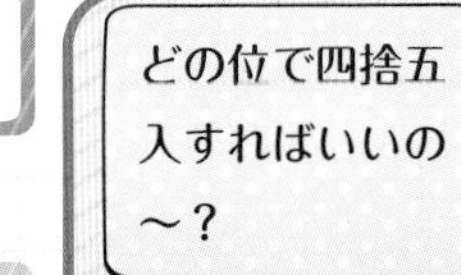

どの位で四捨五入すればいいの～？

ヒントは，「すぐ下の位」だ。

(3) 65721を上から2けたのがい数にしましょう。

2 四捨五入して，十の位までのがい数にすると，60になる整数のうち，いちばん小さい数といちばん大きい数はいくつですか。

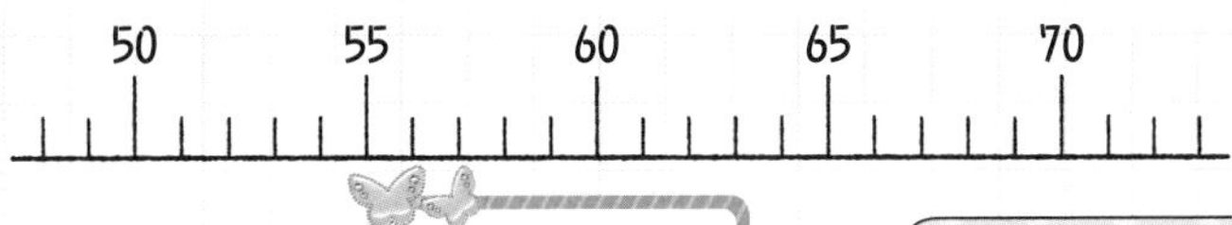

50
55
60
65
70

いちばん小さい数

いちばん大きい数

60よりちょっと小さい数と，60よりちょっと大きい数だね。

これだけはおさえて！

以上，未満，以下といったはんいを表す言葉も覚えるんだぞ！

- ある位までのがい数で表すには，そのすぐ下の位の数を四捨五入。
- 四捨五入は，0，1，2，3，4は切り捨て，5，6，7，8，9は切り上げ。

3 わり算の筆算①

1けたでわるわり算の，筆算のしかたをたしかめよう。

やることいっぱい～ムリ～。
1つ1つやっていけば大じょう夫！

1 たてる→かける→ひく→おろすのくり返し！

81÷3を筆算でしよう！

8÷3で十の位に2をたてる
3と2をかけて6
8から6をひいて2
一の位の1をおろす
21÷3で一の位に7をたてて
3と7をかけて21
21から21をひいて0

2 わり算のあとは答えのたしかめ（けん算）！

586÷4を筆算でしよう！

```
    146
4)586
   4
   18
   16
    26
    24
     2
```

え，自分で答えが○か×か調べられるの？ちょう便利～。

わり算したあとは，必ずたしかめ！だね。

答えのたしかめ（けん算） おぼえて！

わる数	×	商	＋	あまり	＝	わられる数
4	×	146	＋	2	＝	586

 練習問題の答え　1(1)8500　(2)370000　(3)66000　2いちばん小さい数 55　いちばん大きい数 64

練習問題

1 次のわり算を筆算でしましょう。

(1) 5)74

(2) 6)762

(3) 8)608

たてる，かける，ひく，
おろす，たてる，かける，
…じゅ文みたい！(笑)

めざせ，ま法使い！
なんちゃって。てへっ。

2 92まいのシールを，1人に6まいずつ配ると，何人に配れて，何まいあまりますか。

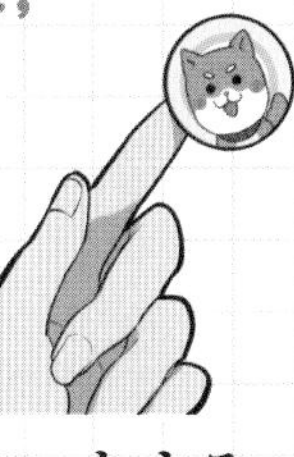

式

答え　　　人に配れて，　　　まいあまる。

これだけはおさえて！

- わり算の筆算は，たてる→かける→ひく→おろすのくり返し！
- わり算の答えはわる数×商＋あまり＝わられる数でたしかめる！

わり算のじゅ文はOK(オーケー)かな。次はこいにきくじゅ文も教えようか？

4 わり算の筆算②

2けたでわるわり算のしかたをおさえよう。

1 商の見当をつけよう！

93÷31を筆算でしよう！

見当をつけるって？

答えがだいたいどれくらいかな〜って考えるの。

え？だいたいでいいの？

```
      3            3            3
31)93   ⇒   31)93   ⇒   31)93
               93           93
                            ──
                             0
```

90÷30で一の位(くらい)に3を**たてる**

31に3を**かけて**93

93から93を**ひいて**0

もちろん，あとでちゃんと計算するさ。93÷31の場合は，90÷30と考えて，商に「3」をたてることからはじめるんだ。

2 3けた÷2けたでもやり方は同じ！

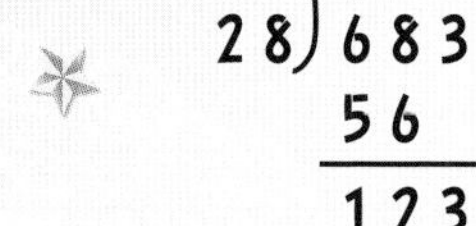

```
       2              2              24
28)683   ⇒   28)683   ⇒   28)683
    56             56             56
    ──             ──             ──
    12             123            123
                                  112
                                  ───
                                   11
```

68÷28で，2を**たてて**28に2を**かけて**56 68から56を**ひいて**12

3をおろして123

123÷28で，一の位に4を**たてて**28に4を**かけて**112 123から112を**ひいて**11

答えのたしかめ

28×24＋11＝683

たいせつ

計算をするときは見当をつけて！683÷28を，700÷30って考えると，商の十の位はだいたい2かな〜って考えるの。

練習問題の答え

1 (1)14あまり4　(2)127　(3)76

2 式　92÷6＝15あまり2　答え　15人に配れて，2まいあまる。

Let's TRY 練習問題

 次のわり算を筆算でしましょう。

$23\overline{)69}$

$43\overline{)731}$

$37\overline{)834}$

だいたいの見当をつけてごらん。

 473このビーズを15人で同じ数ずつ分けます。1人分は何こになって，あまりは何こになりますか。

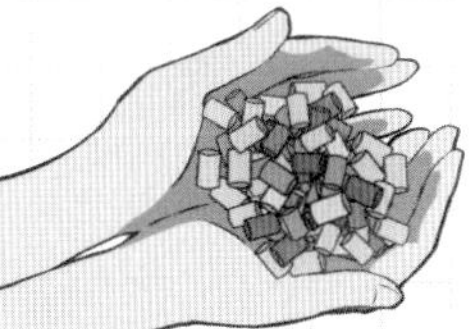

式

答え　1人分は　　　こで，　　　こあまる。

あまったビーズはもらっちゃおっかな…。

セーラ，ズルいこと考えるな！

5 計算の決まり

計算の決まりをかくにんしよう。

1 計算の順じょを守って計算する！

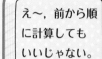

計算の順じょ

- ふつうは左から順に計算するよ。
- (　)のある式は(　)の中を先に計算するよ。
- ×や÷は，＋や－より先に計算するよ。

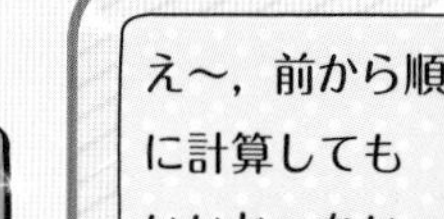

え～，前から順に計算してもいいじゃない。

どんなことにも決まりはあるだろ。わがまま言うな！

$$9-(8-2\times3)=9-(8-6)$$ ❶

$$=9-2$$ ❷

$$=7$$ ❸

2 計算の決まりを使うと，くふうして計算できる！

(　)を使った式の計算の決まり

■，●，▲に数をあてはめてみよう！

(■＋●)×▲＝■×▲＋●×▲

(■－●)×▲＝■×▲－●×▲

例：(25－9)×4＝25×4－9×4
＝100－36
＝64

このやり方にすると，計算がラクになるね！

たし算やかけ算の計算の決まり

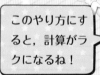

たし算

2+3=3+2

■＋●＝●＋■

(6+7)+3=6+(7+3)

(■＋●)＋▲＝■＋(●＋▲)

かけ算

5×9=9×5

■×●＝●×■

(8×4)×5=8×(4×5)

(■×●)×▲＝■×(●×▲)

50や100…，計算しやすい数字になるようにくふうするといいな。

う～ん…計算がラクになるなら，がんばって覚えるか…。

練習問題の答え

1 (1)3　(2)17　(3)22あまり20

2 式 473÷15＝31あまり8　答え 1人分は31こで，8こあまる。

Let's TRY
練習問題

1 次の計算をしましょう。

(1) 31－8÷4＝

(2) 26－(9＋4×3)＝

(3) 7×(16÷2－5)＝

えっと，計算の順じょがあるのよね。

そうそう！まずは「×」と「÷」だよ！

あれ？(　)があるときはどうするんだっけ…？

(　)の中を先に計算するんだ。

2 くふうして計算しましょう。

(1) 99×74＝

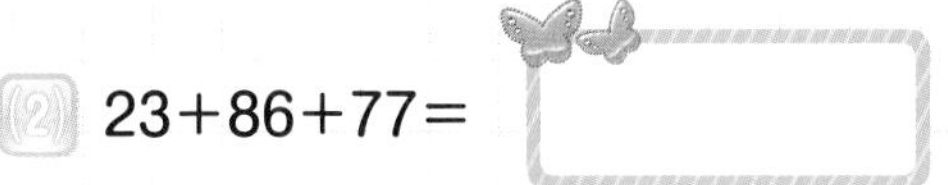

(2) 23＋86＋77＝

(3) 25×24＝

(1)は，99は計算が大変（たいへん）だから…。99を，(100－1)にしちゃおっと！

おっ…。(2)はたす順じょを入れかえるといいな。組み合わせを考えてごらん。

え～？…あ，100ができる！！

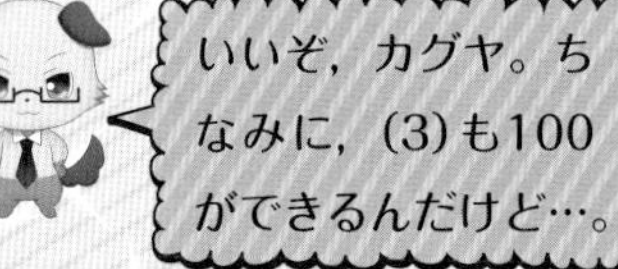
いいぞ，カグヤ。ちなみに，(3)も100ができるんだけど…。

小数のしくみ

小数のしくみをかくにんしよう。

1 小数の表し方は整数と同じ！

たいせつ 小数点から右の位(くらい)は順(じゅん)に$\frac{1}{10}$の位，$\frac{1}{100}$の位，$\frac{1}{1000}$の位というよ。
また，それぞれ小数第一位，小数第二位，小数第三位ともいうよ。

一の位	$\frac{1}{10}$の位	$\frac{1}{100}$の位	$\frac{1}{1000}$の位
5.	2	7	3

小数点

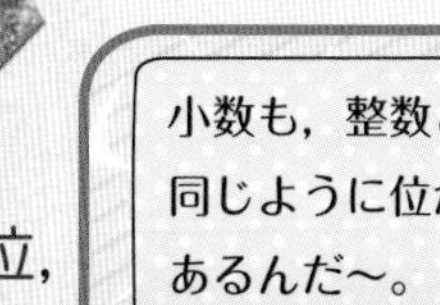

小数も，整数と同じように位があるんだ〜。

そのとおり！例(たと)えば，$\frac{1}{1000}$の位の3は0.001が3こあることを表しているんだ。

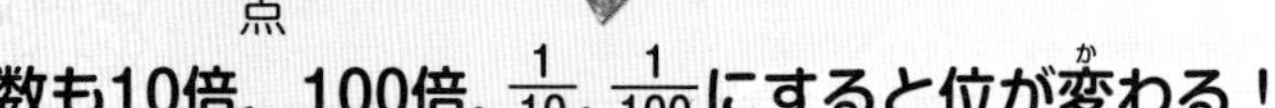

2 小数も10倍，100倍，$\frac{1}{10}$，$\frac{1}{100}$にすると位が変(か)わる！

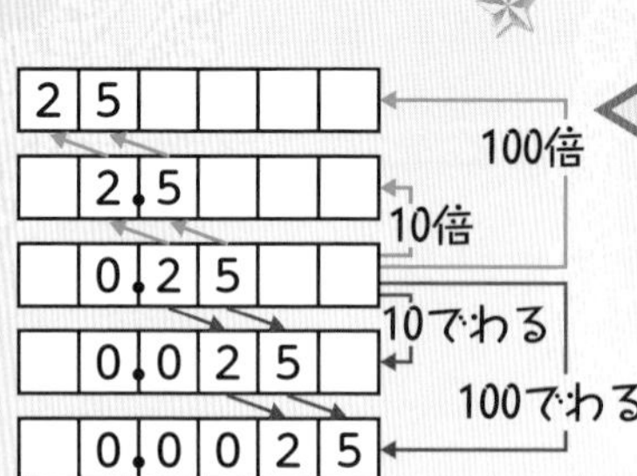

2 5
2.5
0.2 5
0.0 2 5
0.0 0 2 5
100倍
10倍
10でわる
100でわる

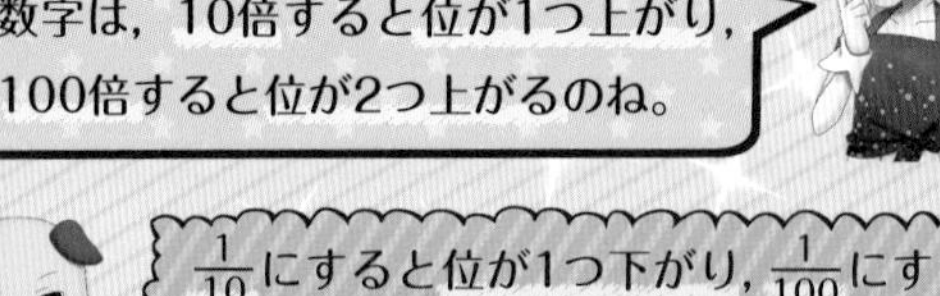

小数も整数と同じで，それぞれの位の数字は，10倍すると位が1つ上がり，100倍すると位が2つ上がるのね。

$\frac{1}{10}$にすると位が1つ下がり，$\frac{1}{100}$にすると位が2つ下がるのも，整数と同じだ。これなら覚(おぼ)えられるだろ？

も，もちろん！
(数字がいっぱいでややこしいけど…がんばろ！)

練習問題の答え 1 (1)29 (2)5 (3)21 2 (1)7326 (2)186 (3)600

Let's TRY 練習問題

1 次の長さや重さを，（　）の中の単位だけを使って表しましょう。

(1) 1km325m（km）

km

(2) 3107g（kg）

kg

1000m＝1km
はわかるけど…。
100mは何km
なのかな？

100mは1kmの$\frac{1}{10}$だから，0.1kmになるぞ。

「g」の場合も
同じように考え
られるね！

2 次の問題に答えましょう。

(1) 0.01を7こ，0.001を3こ合わせた数を答えましょう。

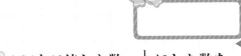

(2) 6.34を10倍した数，$\frac{1}{10}$にした数を答えましょう。

10倍

$\frac{1}{10}$

位が上がったり
下がったりする
んだよね？

そう！小数点の位置が変わるのよ！

これだけはおさえて！

小数も整数と同じように，
10倍すると，位が1けた上がるよ。
また，$\frac{1}{10}$にすると，
位は1けた下がるよ。

多少ややこしくても，位の上がり，下がりに注意してやれば大じょう夫！

7 小数のかけ算とわり算

小数のかけ算とわり算のしかたをかくにんしよう。

1 小数のかけ算の筆算は，整数と同じ！

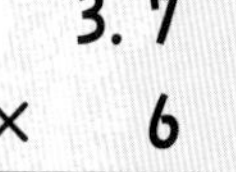

```
  3.7        3.7        3.7
×   6   →  ×   6   →  ×   6
─────      ─────      ─────
            2 2 2      2 2.2
```

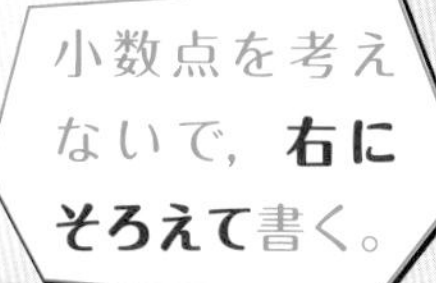

小数点を考えないで，**右にそろえて**書く。

整数のかけ算と同じように計算する。

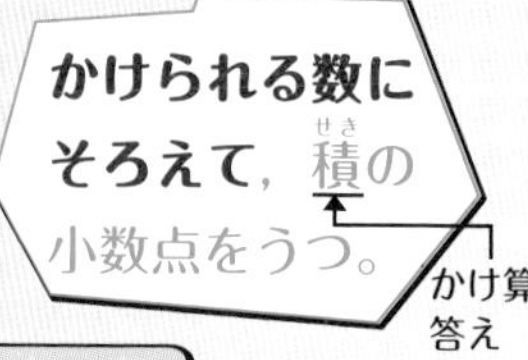

かけられる数にそろえて，積（せき）の小数点をうつ。

積：かけ算の答え

（たいせつ）整数のかけ算と同じように右にそろえて書くんだね。

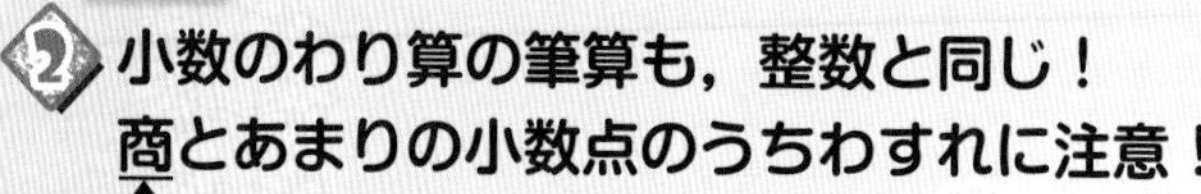

2 小数のわり算の筆算も，整数と同じ！ 商とあまりの小数点のうちわすれに注意！

商：わり算の答え（あまりは商ではない）

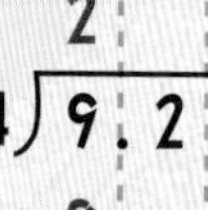

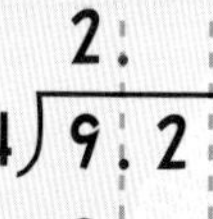

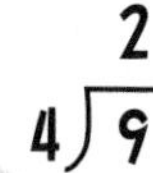

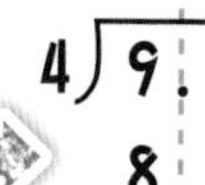

```
     2          2.         2.         2.3
  ────       ────       ────       ────
4) 9.2  →  4) 9.2  →  4) 9.2  →  4) 9.2
   8          8          8          8
  ──         ──         ───        ───
   1          1          1 2        1 2
                                    1 2
                                    ───
                                      0
```

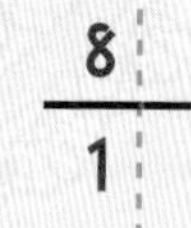

一の位（くらい）の9を4でわる。

わられる数の小数点にそろえて，商の小数点をうつ。

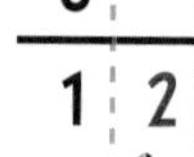

$\frac{1}{10}$の位の2をおろす。

12を4でわる。

（たいせつ）商の小数点をうつところ以外（いがい）は，整数と同じだ！

練習問題の答え　1(1)1.325　(2)3.107　2(1)0.073　(2)63.4，0.634

Let's TRY 練習問題

1 次の計算をしましょう。(3)はわり切れるまで，計算をしましょう。

(1)

$$\begin{array}{r} 15.7 \\ \times \quad 8 \\ \hline \end{array}$$

(2)

$9\overline{)6.3}$

(3)

$5\overline{)38}$

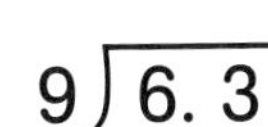

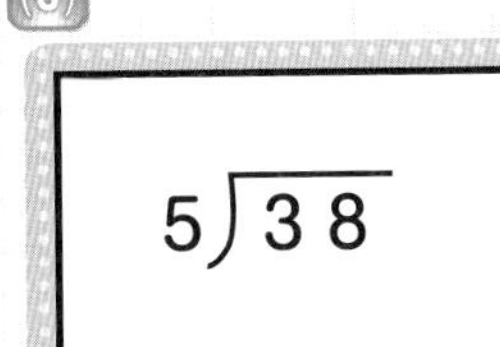

小数点さえわすれなければ，整数といっしょね。

(3)は38を38.0だと考えて，わり切れるまで計算するんだ。

2 ピンク色のビーズが70こ，水色のビーズが20こあります。ピンク色のビーズの数は，水色のビーズの数の何倍ですか。

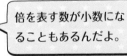

式

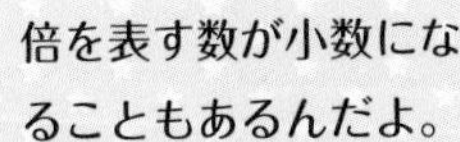

倍を表す数が小数になることもあるんだよ。

答え 倍

これだけはおさえて！

小数のかけ算，わり算は，
積，商，あまりの
小数点のうちわすれに注意しよう。

小数点の位置にも注意して！

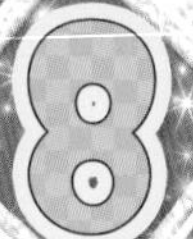

分数

分数について覚(おぼ)えよう。

① 分数の表し方は3つ！

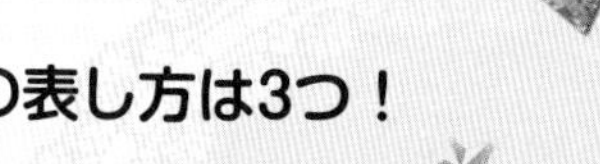

3種類(しゅるい)の分数

- 真(しん)分数…分子が分母より小さい分数（例(れい)：$\frac{2}{3}$）
- 仮(か)分数…分子と分母が同じか，分子が分母より大きい分数（例：$\frac{2}{2}$，$\frac{6}{5}$）
- 帯(たい)分数…整数と真分数の和で表されている分数（例：$1\frac{3}{4}$）

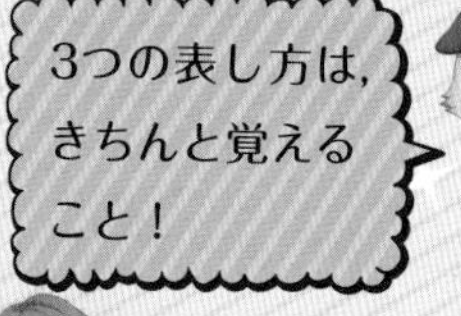
3つの表し方は，きちんと覚えること！

1より大きい分数ってあるんだね！

1より大きい分数は，帯分数だとわかりやすいね。

② 分数の大きさをくらべよう！

- 分数は，分母がちがっていても，大きさの等しい分数がたくさんある。
- 分子が同じ分数では，分母が大きいほど小さい分数になる。

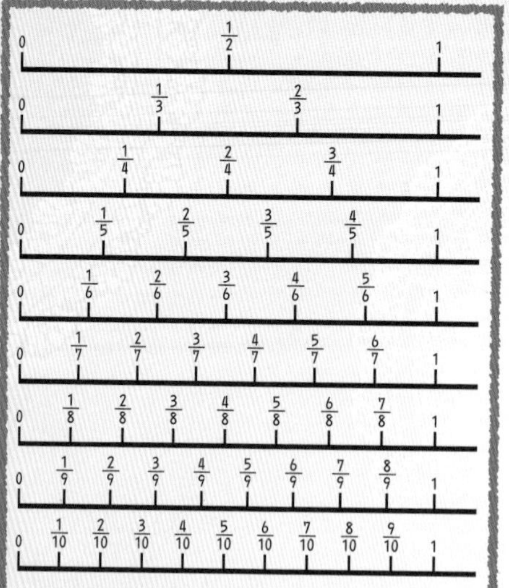
0 1/2 1
0 1/3 2/3 1
0 1/4 2/4 3/4 1
0 1/5 2/5 3/5 4/5 1
0 1/6 2/6 3/6 4/6 5/6 1
0 1/7 2/7 3/7 4/7 5/7 6/7 1
0 1/8 2/8 3/8 4/8 5/8 6/8 7/8 1
0 1/9 2/9 3/9 4/9 5/9 6/9 7/9 8/9 1
0 1/10 2/10 3/10 4/10 5/10 6/10 7/10 8/10 9/10 1

1/2と2/4は同じ大きさよ。
大きさの等しい分数は，分母がいちばん小さい分数で表すのがおすすめだ。

たしかに，小さいほうがなんかわかりやすい気がする〜。

練習問題の答え　1 (1)125.6　(2)0.7　(3)7.6　2 式　70÷20＝3.5　答え　3.5倍

Let's TRY
練習問題

1 次のア～エを真分数と仮分数に分けましょう。

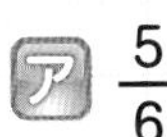

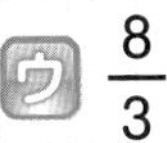

ア $\frac{5}{6}$　イ $\frac{7}{7}$

ウ $\frac{8}{3}$　エ $\frac{12}{13}$

真分数　仮分数

分子が分母より小さい分数は何だったかな？
分子と分母が同じ分数は何分数？
う～ん…わかんなくなっちゃう！

セーラまで…。たしかに言葉だけ覚えようとするとむずかしいかな。分数になれてくると，自然と覚えるよ。

2 仮分数は帯分数に，帯分数は仮分数になおしましょう。

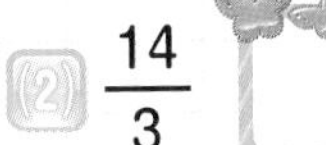

(1) $\frac{7}{2}$　(2) $\frac{14}{3}$

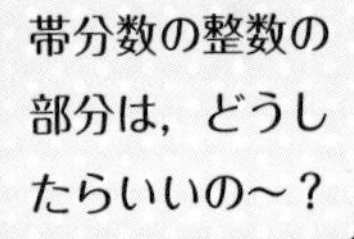
帯分数の整数の部分は，どうしたらいいの～？

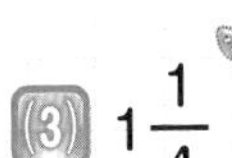
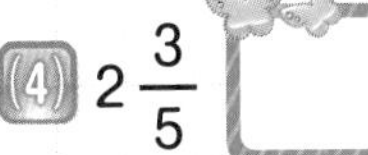

(3) $1\frac{1}{4}$　(4) $2\frac{3}{5}$

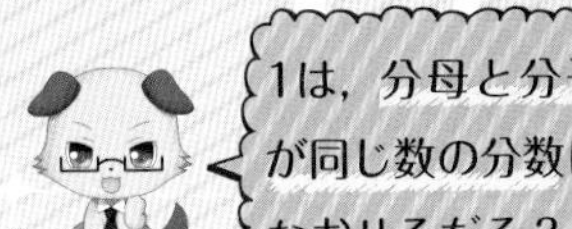
1は，分母と分子が同じ数の分数になおせるだろ？

3 大きいほうの分数を答えましょう。

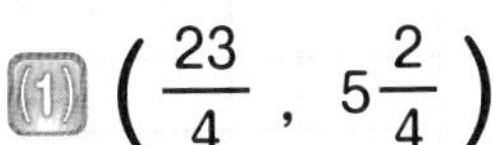

(1) $\left(\frac{23}{4},\ 5\frac{2}{4}\right)$

(2) $\left(\frac{17}{5},\ 5\frac{2}{3}\right)$

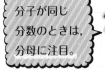

分子が同じ分数のときは，分母に注目。

9 分数のたし算とひき算

分数のたし算とひき算のしかたを考えよう。

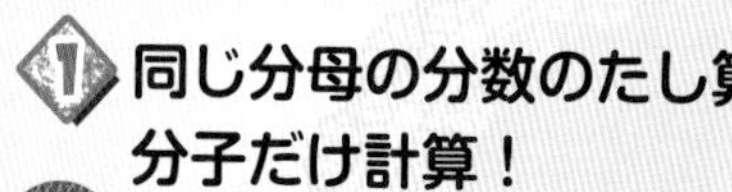

1 同じ分母の分数のたし算・ひき算は，分子だけ計算！

たいせつ

たし算　$\frac{4}{7}+\frac{6}{7}=\frac{10}{7}$

ひき算　$\frac{8}{3}-\frac{6}{3}=\frac{2}{3}$

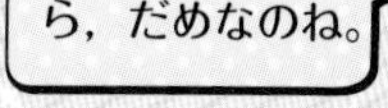

分母を計算したら，だめなのね。

$\frac{1}{●}$がいくつ分(ぶん)あるか，と考えるからな。

2 帯(たい)分数のたし算・ひき算！

帯分数を整数部分と分数部分に分けて計算する。

$$1\frac{3}{6}+2\frac{1}{6}=3+\frac{4}{6}$$
$$=3\frac{4}{6}$$

帯分数を仮(か)分数になおして計算する。

$$1\frac{3}{6}+2\frac{1}{6}=\frac{9}{6}+\frac{13}{6}$$
$$=\frac{22}{6}$$

2つのやり方があるんだ。

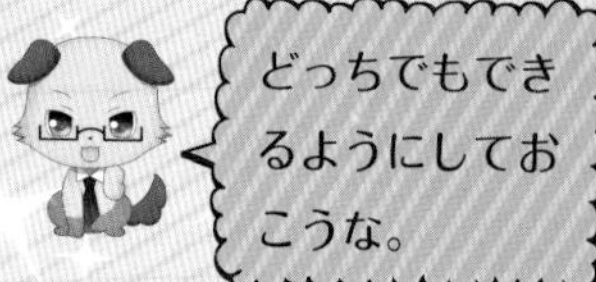

どっちでもできるようにしておこうな。

ひき算のやり方もチェックね！

ひき算のときは注意！

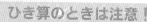

帯分数のひき算で，分数部分がひけないときには，
整数部分からくり下げた1を，分数になおしてから計算するか，
帯分数を仮分数になおしてから計算する。

$$2\frac{1}{7}-\frac{5}{7}=1\frac{8}{7}-\frac{5}{7}$$
$$=1\frac{3}{7}$$

$$2\frac{1}{7}-\frac{5}{7}=\frac{15}{7}-\frac{5}{7}$$
$$=\frac{10}{7}$$

練習問題の答え　1 真分数…ア，エ　仮分数…イ，ウ　2 (1) $3\frac{1}{2}$　(2) $4\frac{2}{3}$　(3) $\frac{5}{4}$　(4) $\frac{13}{5}$　3 (1) $\frac{23}{4}$　(2) $5\frac{2}{3}$

練習問題

1 次のたし算をしましょう。

(1) $\frac{4}{5}+\frac{2}{5}=$

(2) $2\frac{1}{8}+1\frac{3}{8}=$

(3) $1\frac{3}{7}+\frac{5}{7}=$

帯分数のたし算は，どっちのやり方でやればいいの？

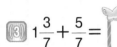

計算しやすいほうでいいんだよ！

答えが合っていることが大切だから，やりやすいほうを選ぶといいぞ。

2 次のひき算をしましょう。

(1) $\frac{6}{4}-\frac{5}{4}=$

(2) $2\frac{7}{9}-1\frac{2}{9}=$

(3) $1\frac{1}{6}-\frac{3}{6}=$

あれ…？分子が1－3 ？計算できない～～。

帯分数を仮分数になおしてみるんだ。

仮分数になおすのか…。もっと近道できるやり方はないの？

これだけはおさえて！

同じ分母の分数のたし算・ひき算は，分母はそのままで，分子だけを計算するよ。

遠回りしたほうがいいこともあるんだぞ。2人にはまだわからないかな？

10 角の大きさ

角の大きさについておさえよう。

1 角の大きさをはかろう！

分度器の使い方

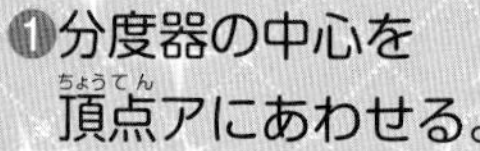

❶分度器の中心を頂点アにあわせる。
❷0°の線を辺アイにあわせる。
❸辺アウの上にある目もりを読む。

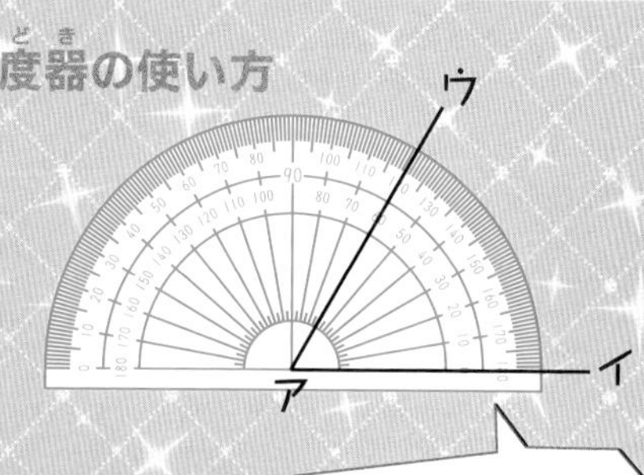
ウ
ア
イ

度(°)は，角の大きさの単位だよ。
角の大きさのことを角度ともいうよ。

辺アイにあわせた0°の線から10°，20°，……と読んでいくよ。

目もりは**180°**まであるんだね。

左右どちらからでも読めるね。

2 三角定ぎの角の大きさを覚えよう！

たいせつ

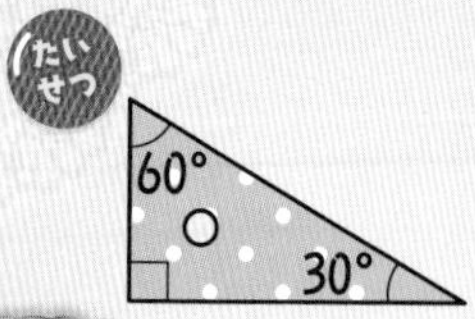
60°
30°

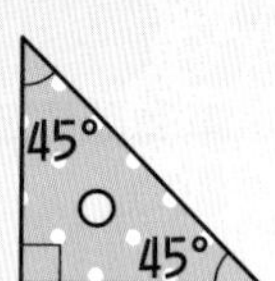
45°
45°

どの角とどの角が組みあわされているのかな？

下の図の色のついた角の大きさは何度ですか。

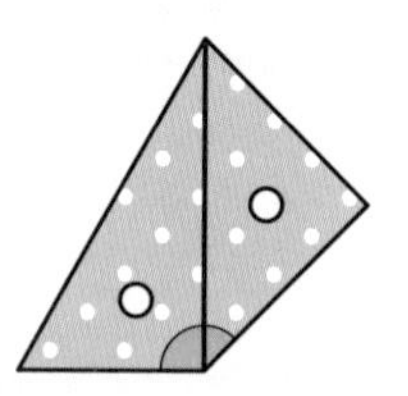

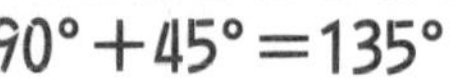
90°＋45°＝135°

ほかにもいろいろな組みあわせがあるぞ。

練習問題の答え　1 (1) $\frac{6}{5}$　(2) $3\frac{4}{8}$　(3) $2\frac{1}{7}$　2 (1) $\frac{1}{4}$　(2) $1\frac{5}{9}$　(3) $\frac{4}{6}$

Let's TRY 練習問題

1 次の角の大きさをはかりましょう。

(1)　(2)

角
(1)は線が短くて うまくはかれない〜。
辺をのばして はかってみな。

2 1組の三角定ぎを使って，角をつくりました。色のついた角の大きさは何度ですか。

(1)　(2)

三角定ぎの，どの角とどの角の組みあわせかな…？
1つずつ角の大きさをかくにんしよう。

11 垂直・平行

垂直(すいちょく)や平行についておさえよう。

1 2本の直線が交(まじ)わってできる角が直角のとき，この2本の直線は「垂直である」というよ！

ア

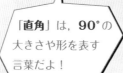

「**直角**」は，**90°**の大きさや形を表す言葉だよ！

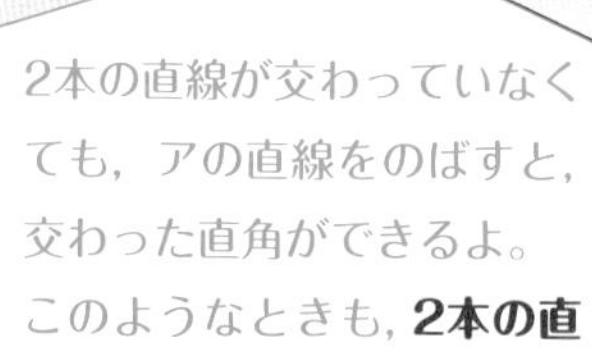

2本の直線が交わっていなくても，アの直線をのばすと，交わった直角ができるよ。このようなときも，**2本の直線**は「**垂直**である」というよ。

おぼえて！

直角って90°のことだったのね。

そう！だから，直角かどうかは三角定ぎを使って調べられるんだ。

2 1本の直線に垂直な2本の直線は「平行である」というよ！

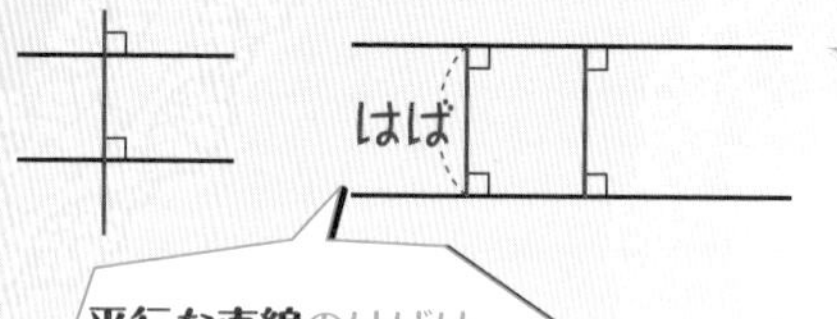

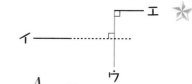

はば
平行な直線のはばは，どこでも**等しい**よ！
平行な直線は，どこまでのばしても**交わらない**よ！

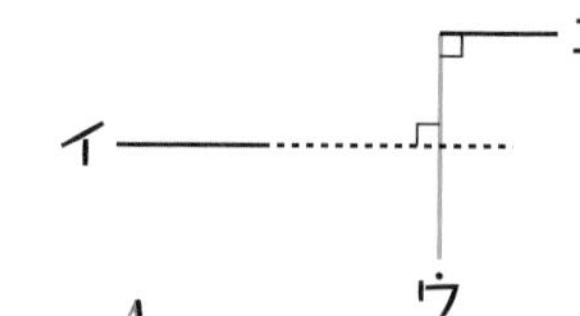

エ
イ
ウ

イの直線をのばすと，イの直線とエの直線はどちらもウの直線に**垂直**なので，イの直線とエの直線は「**平行**である」といえるよ。

「平行」は，2本の直線のならび方を表す言葉だ。

練習問題の答え　1 (1)55°　(2)135°　2 (1)105°　(2)15°

練習問題

1 下の図を見て，あとの問題に答えましょう。

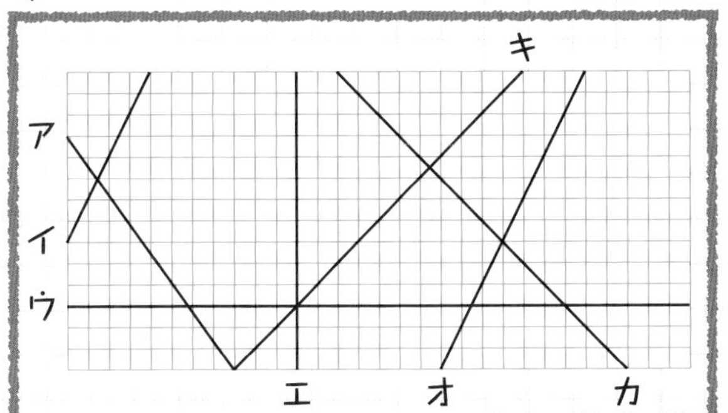

ア
イ
ウ
エ
オ
カ
キ

線がいっぱい……。

(1) 平行な直線は，どれとどれですか。

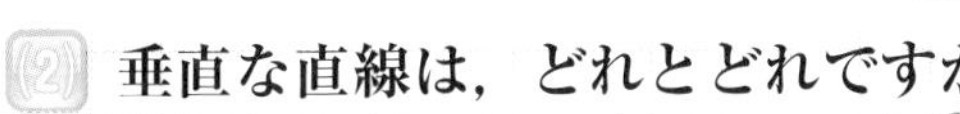

(2) 垂直な直線は，どれとどれですか。

ます目をていねいに数えたらできるよ！

2 次の四角形で，平行な辺の組は何組ありますか。

(1)

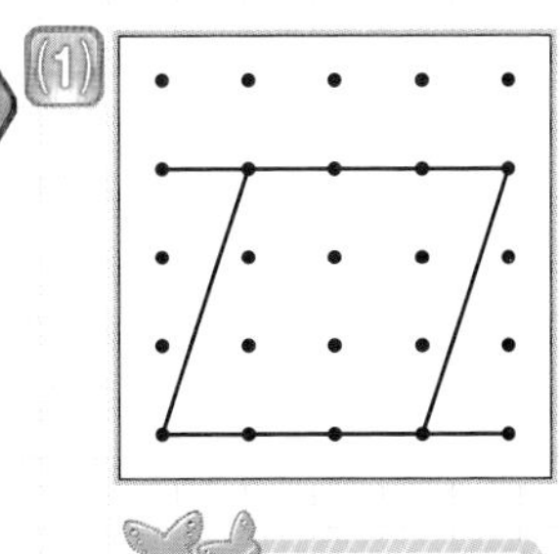

(2)

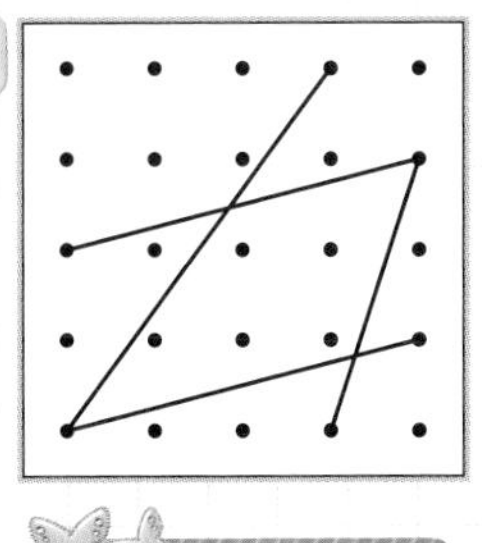

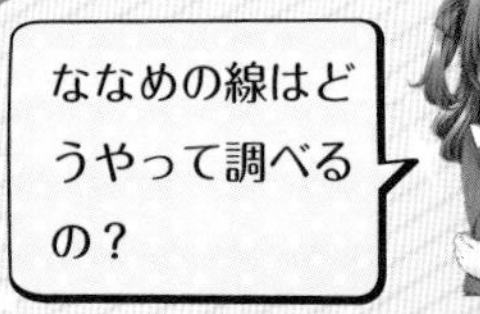

ななめの線はどうやって調べるの？

●が，たて，横にそれぞれ何こあるかを数えてみるんだ。

12

四角形

いろいろな四角形の特ちょうをおさえよう。

1 四角形の特ちょうをかくにん！

たいせつ

四角形の特ちょう

- 向かい合った1組の辺が平行な四角形は台形！
- 向かい合った2組の辺が平行な四角形は平行四辺形！
  - ◎ 平行四辺形の，向かい合った辺の長さは等しいよ！
  - ◎ 向かい合った角の大きさも等しいよ！
- 辺の長さがすべて等しい四角形はひし形！

特ちょうがいろいろあってむずかしそう。
がんばって覚えていこう！

2 対角線と四角形の特ちょうを覚えよう！

向かい合った頂点を結んだ直線を対角線というよ！

四角形の名前 ＼ 四角形の対角線の特ちょう	台形	平行四辺形	ひし形	長方形	正方形
2本の対角線の長さが等しい				○	○
2本の対角線がそれぞれの真ん中の点で交わる		○	○	○	○
2本の対角線が垂直である			○		○

正方形は全部の特ちょうをもっているのよ！

正方形ってすご〜い！

そう？

練習問題の答え　1(1)イとオ　(2)ウとエ，カとキ　2(1)2組　(2)1組

Let's TRY 練習問題

1 次の平行四辺形を見て，辺の長さや角の大きさを答えましょう。

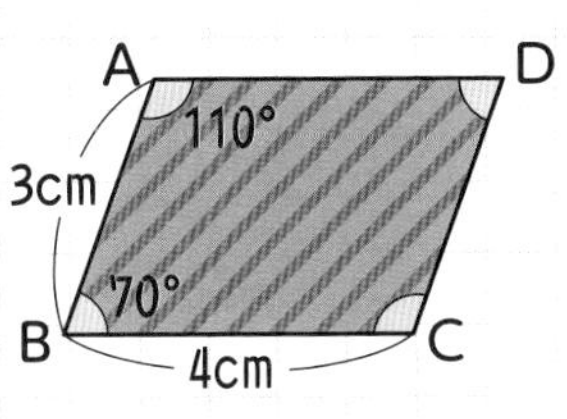
A
D
110°
3cm
70°
B
4cm
C

カグヤ。平行四辺形の特ちょうって何だったかな？

えっと…。辺の長さとか～，角の大きさとか～，なんかいろいろ等しい！

「いろいろ」じゃダメだろ…。

(1) 辺ADの長さ

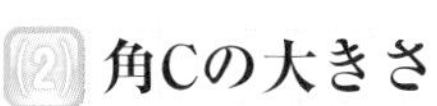

(2) 角Cの大きさ

2 下のように，対角線の特ちょうを使って，四角形をかきます。どんな四角形ができますか。

(1)

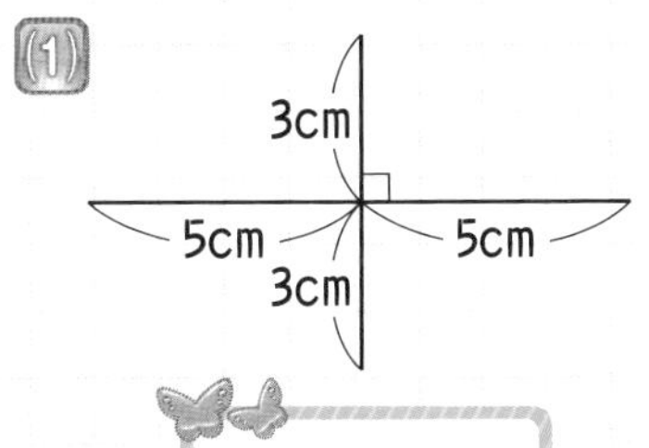
3cm
5cm
5cm
3cm

(2)

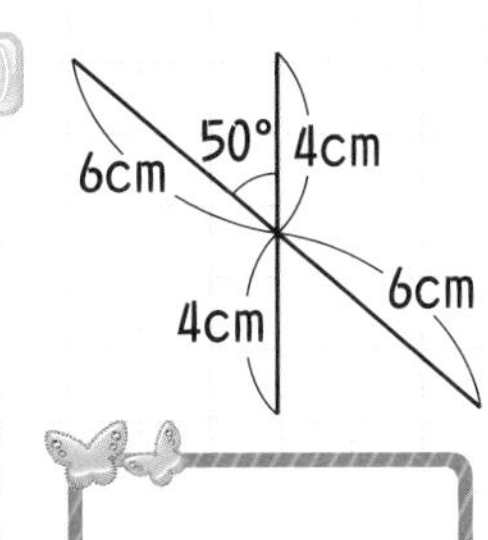
6cm
50°
4cm
6cm
4cm

2本の対角線が，それぞれの真ん中の点で交わっているぞ。

これだけはおさえて！

四角形だけでも何種類（しゅるい）もあるぞ。それぞれの特ちょうを覚えよう！

四角形の対角線の特ちょう

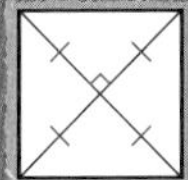
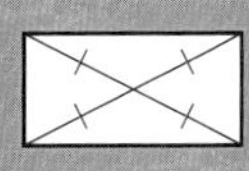

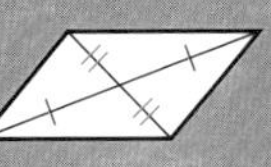

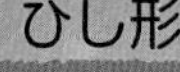

正方形	長方形	ひし形	平行四辺形	台形

13

面積①

面積について整理しよう。

1 1辺が1cmの正方形の面積は，$1cm^2$（1平方センチメートル）と書くよ。

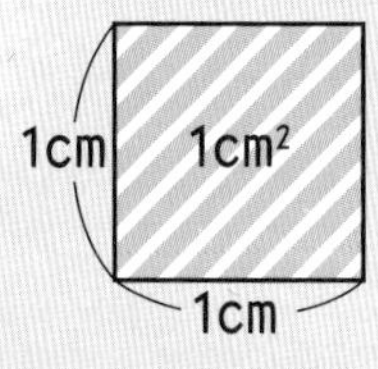
1cm
$1cm^2$
1cm

面積とは，広さのことだ。
わ！新しい単位だ！
小さい「2」かわいい～。

2 長方形と正方形の面積を求める公式をおさえよう！

公式

たいせつ

- 長方形の面積＝たて×横
  ＝横×たて

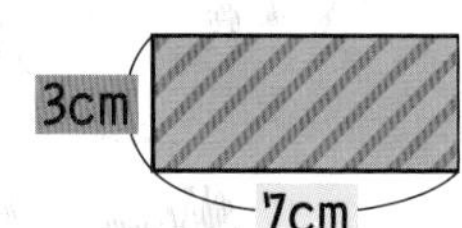
3cm
7cm

3 × 7 ＝ 21　$21cm^2$

- 正方形の面積＝1辺×1辺

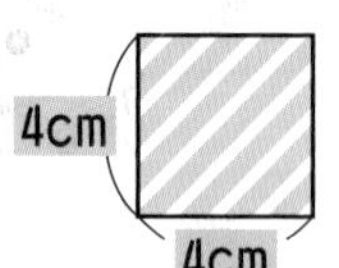
4cm
4cm

4 × 4 ＝ 16　$16cm^2$

長方形と正方形の面積は，となりあった2つの辺の長さを表す数をかけると求められるぞ。

練習問題の答え　1 (1)4cm　(2)110°　2 (1)ひし形　(2)平行四辺形

Let's TRY 練習問題

1 次の長方形や正方形の面積は何cm²ですか。

(1) たてが13cm，横が8cmの長方形の形をした写真

(2) 1辺が12cmの正方形の形をした折り紙

面積の公式を覚えて
いればかん単！

2 次の図形の面積は何cm²ですか。

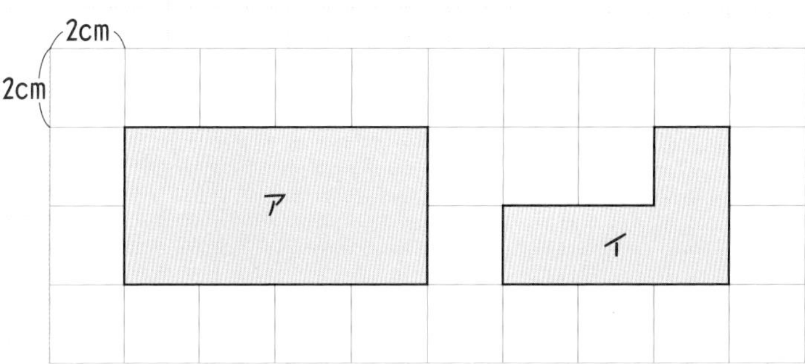
2cm
2cm
ア
イ

ア

イ

3 次の図形で，色のついた部分の面積は何cm²ですか。

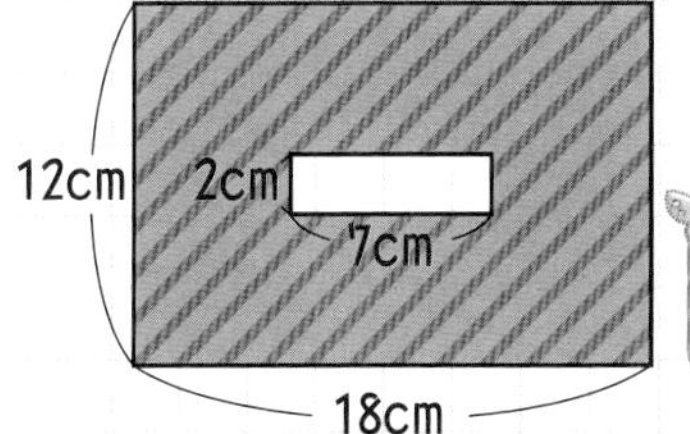
12cm
2cm
7cm
18cm

変な形～。
大きい長方形から
小さい長方形をと
りのぞいた形だな。

14 面積②

大きい面積の表し方をおさえよう。

1 1辺が1mの正方形の面積は，$1m^2=10000cm^2$ ！

たいせつ

大きい面積の表し方

- 1辺が1mの正方形の面積を1平方メートルといい，$1m^2$と書くよ。
- 1m＝100cmで，100×100＝10000だから，$1m^2=10000cm^2$だよ。

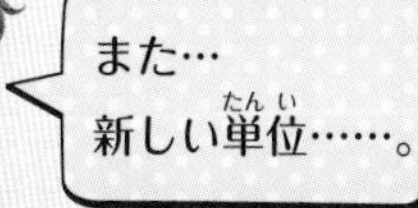
また…
新しい単位……。

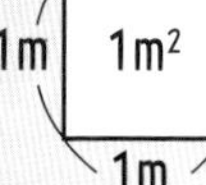
1m
1m²
1m

2 土地など，大きい面積を表すときは，次のような単位を使うよ！

- 1辺が10mの正方形の面積を1アールといい，1aと書くよ。$1a=100m^2$だよ。
- 1辺が100mの正方形の面積を1ヘクタールといい，1haと書くよ。$1ha=10000m^2$だよ。
- 1辺が1kmの正方形の面積を1平方キロメートルといい，$1km^2$と書くよ。$1km^2=1000000m^2$だよ。

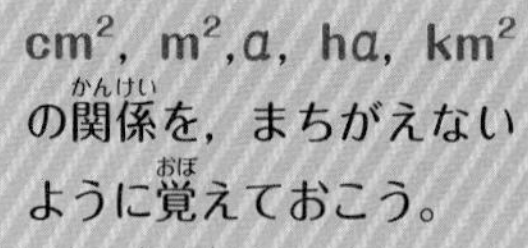
cm², m², a, ha, km²
の関係を，まちがえない
ように覚えておこう。

3 面積の単位のしくみをかくにん！！

長さの関係：1km ←10倍← 100m ←10倍← 10m ←10倍← 1m ←100倍← 1cm

正方形の1辺の長さ	1km	100m	10m	1m	1cm
正方形の面積	$1km^2$	1ha $10000m^2$	1a $100m^2$	$1m^2$	$1cm^2$

面積の関係：$1km^2$ ←100倍← 1ha ←100倍← 1a ←100倍← $1m^2$ ←10000倍← $1cm^2$

練習問題の答え　1 (1)$104cm^2$　(2)$144cm^2$　2 ア$32cm^2$　イ$16cm^2$　3 $202cm^2$

Let's TRY 練習問題

1 たてが20m，横が30mの長方形の形をした花だんの面積は何aですか。

長さがmで面積がa!?
どうしたらいいの～～？

落ち着いて。1a ＝100m²はわかるだろ？
まずはm²で面積を求めてみるんだ。

2 1辺が200mの正方形の形をした牧場の面積は何haですか。

え～っと，1ha＝10000m²だから…。

3 ゆいさんの町は，たてが4km，横が6kmの長方形の形をしています。ゆいさんの町の面積は何km²ですか。

これだけはおさえて！

覚えられるまで
付きあおうか！

1辺が1mの正方形の面積は1m²(＝10000cm²)
1辺が10mの正方形の面積は1a(＝100m²)
1辺が100mの正方形の面積は1ha(＝10000m²)
1辺が1kmの正方形の面積は1km²(＝1000000m²)

15 直方体と立方体①

直方体と立方体についてチェックしよう。

1 直方体と立方体は，次のような立体だよ！

たいせつ

- 長方形だけでかこまれた形や，長方形と正方形でかこまれた形を直方体というよ。
- 正方形だけでかこまれた形を立方体というよ！

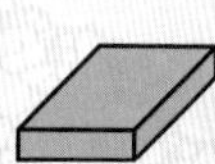
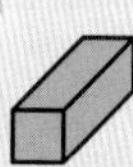
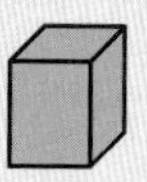
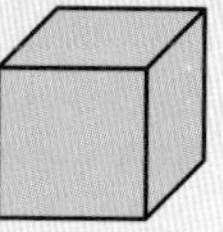
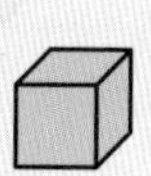

立方体の面は，全部正方形になっているのね！

2 面や辺，頂点について調べよう！

	面の数	辺の数	頂点の数
直方体	6	12	8
立方体	6	12	8

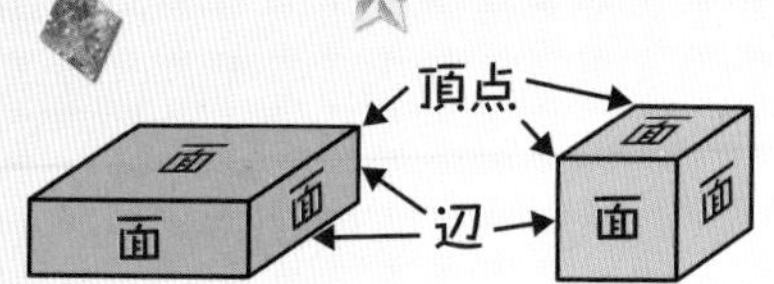
頂点
面
面
面
辺
面
面
面

直方体と立方体は，面や辺，頂点の数が同じだ！

3 見取図や展開図をかくにん！

見取図…直方体や立方体などの全体の形がわかるようにかいた図

展開図…直方体や立方体などの辺にそって切り開いた図

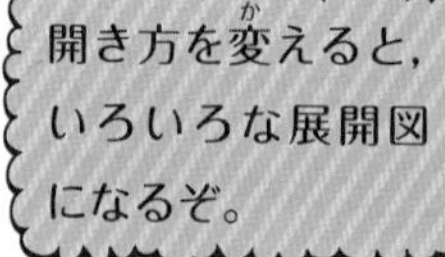
開き方を変えると，いろいろな展開図になるぞ。

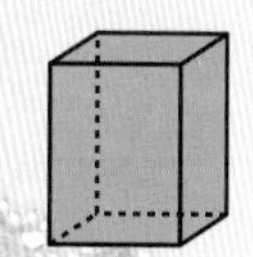

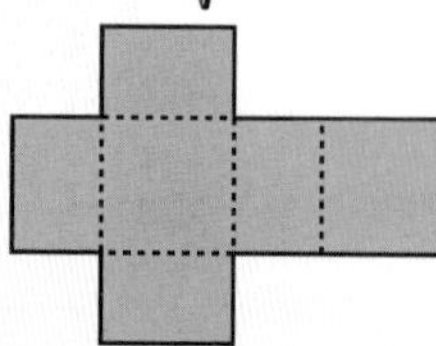

 練習問題の答え 1 6a 2 4ha 3 $24km^2$

Let's TRY 練習問題

1 次の直方体には，どんな形の面がそれぞれいくつありますか。

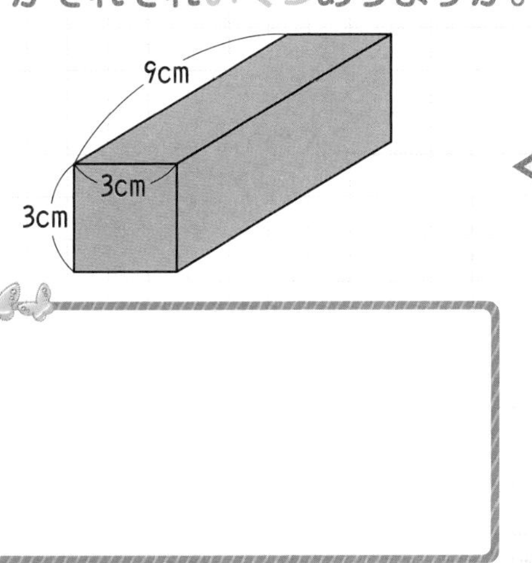

9cm
3cm
3cm

正方形の面と長方形の面があるね。

「1辺●cmの正方形の面」，「たて○cm，横▲cmの長方形の面」のように答えよう。

2 右の直方体の展開図を組み立てます。

(1) 点オと重なる点はどれですか。

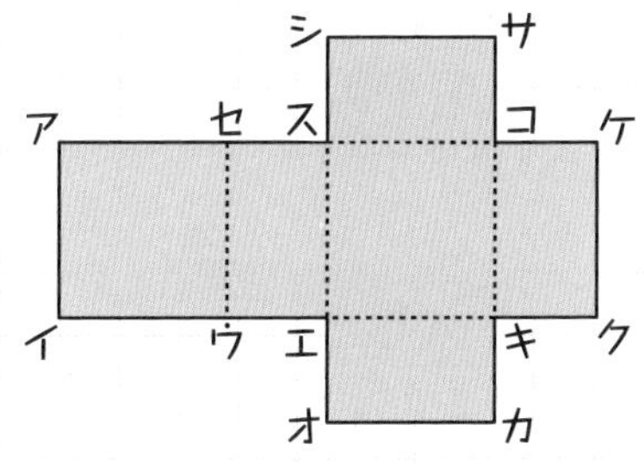

シ
サ
ア
セ
ス
コ
ケ
イ
ウ
エ
キ
ク
オ
カ

(2) 点イと重なる点はどれですか。

(3) 辺アセと重なる辺はどれですか。

どこから考えたらいいのかな？？

点エ，キ，コ，スが頂点になっている面を底(そこ)にして，組み立ててみよう。

16 直方体と立方体②

面や辺の垂直や平行についておさえよう。

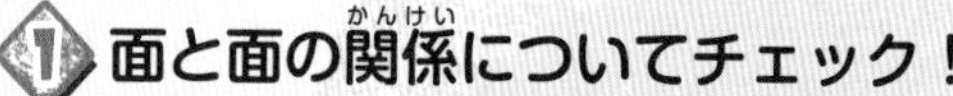

① 面と面の関係についてチェック！

たいせつ

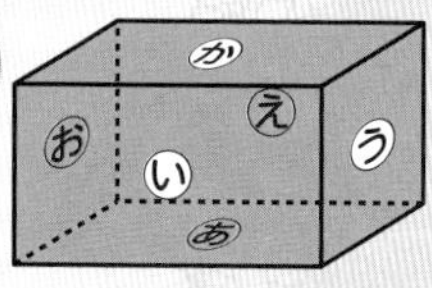
か
え
お
う
い
あ

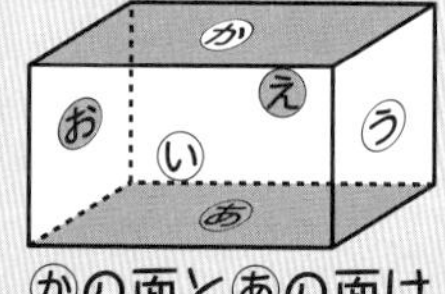
か
え
お
う
い
あ

ⓚの面とⓐの面は平行だよ

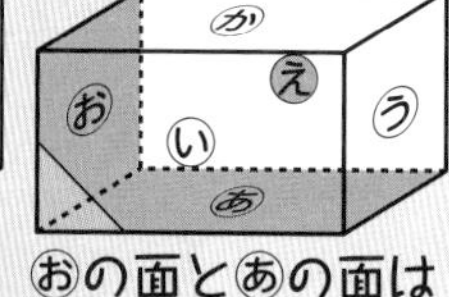
か
え
お
う
い
あ

ⓞの面とⓐの面は垂直だよ

ほかにも平行な面や垂直な面があるぞ。さがしてみよう。

直方体の面のように平らな面を平面というよ！

② 辺と辺，面と辺の関係は，次のようになるよ！

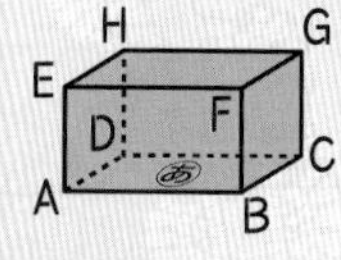
H G E F D C A B あ

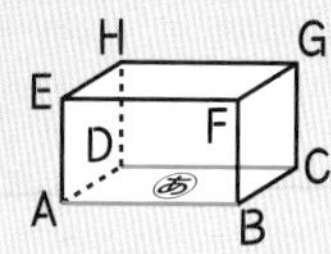
H G E F D C A B あ

辺ABと辺DCは平行だよ。

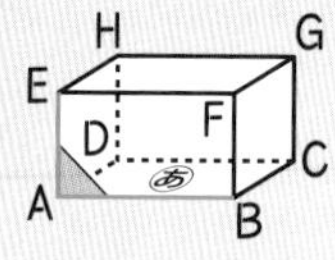
H G E F D C A B あ

辺ABと辺EAは垂直だよ。

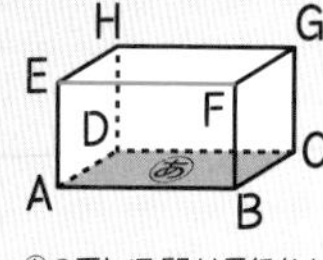
H G E F D C A B あ

ⓐの面と辺EFは平行だよ。

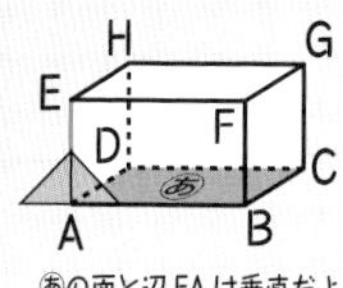
H G E F D C A B あ

ⓐの面と辺EAは垂直だよ

③ 位置の表し方をおさえよう！

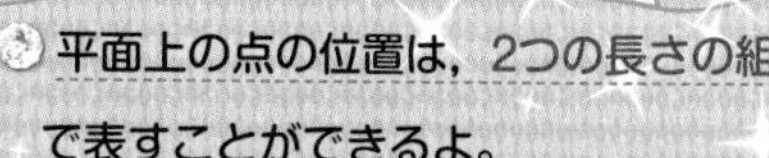

- 平面上の点の位置は，2つの長さの組で表すことができるよ。
- 空間にある点の位置は，3つの長さの組で表すことができるよ。

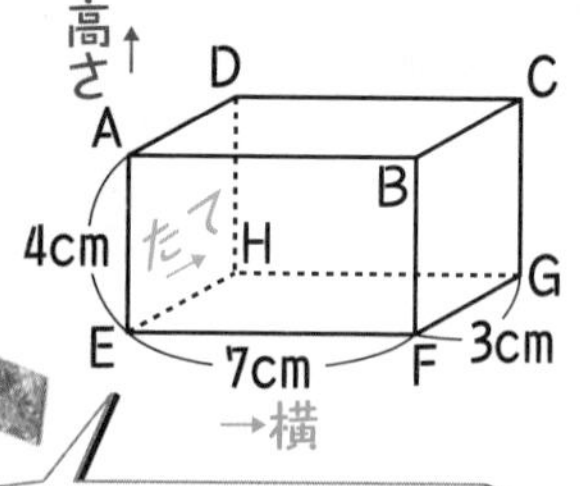
高さ↑
D
C
A
B
4cm
たて
H
G
E
7cm
F
3cm
→横

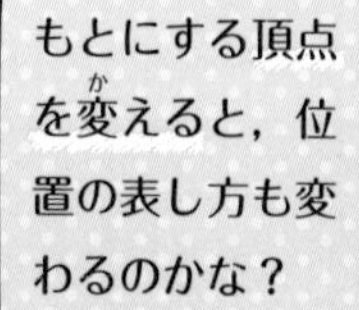
もとにする頂点を変えると，位置の表し方も変わるのかな？

上の図で，頂点Eをもとにすると，
頂点Gの位置は（横7cm，たて3cm，高さ0cm），
頂点Cの位置は（横7cm，たて3cm，高さ4cm）
と表すことができるよ。

練習問題の答え　1 1辺3cmの正方形の面が2つ，たて9cm，横3cmの長方形の面が4つ　2 (1)点ウ　(2)点カ，点ク　(3)辺サシ

Let's TRY 練習問題

1 右の立方体の展開図を組み立てます。

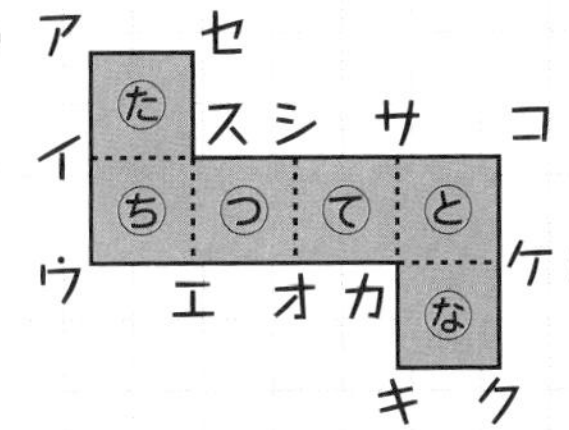

ア セ
た
イ スシ サ コ
ち つ て と
ウ エ オカ ケ
な
キ ク

(1) たの面に平行な面はどれですか。

(2) 辺イスに垂直な面はどれですか。

平行な面は向かい合っているぞ。

2 右の直方体で，頂点Eをもとにしたとき，次の問題に答えましょう。

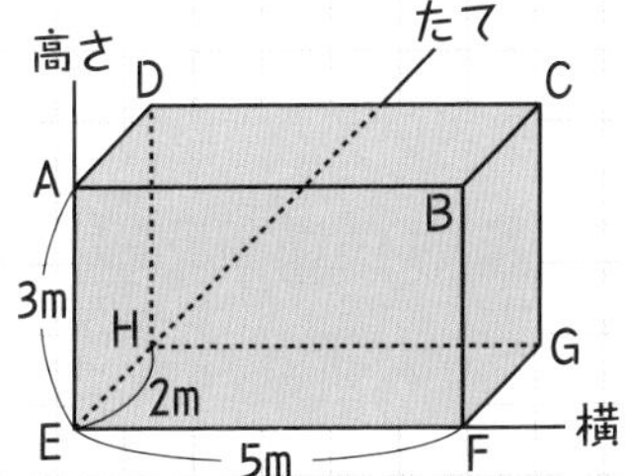

高さ
たて
D
C
A
B
3m
H
G
2m
E
5m
F
横

(1) （横5m，たて0m，高さ3m）の位置にある頂点はどれですか。

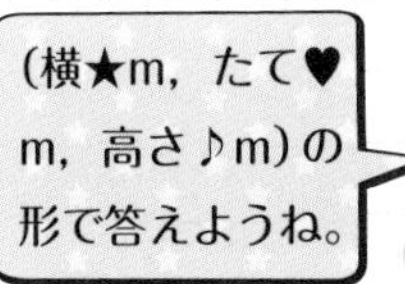

(2) 頂点Dの位置を表しましょう。

(横★m，たて♥m，高さ♪m)の形で答えようね。

これだけはおさえて！

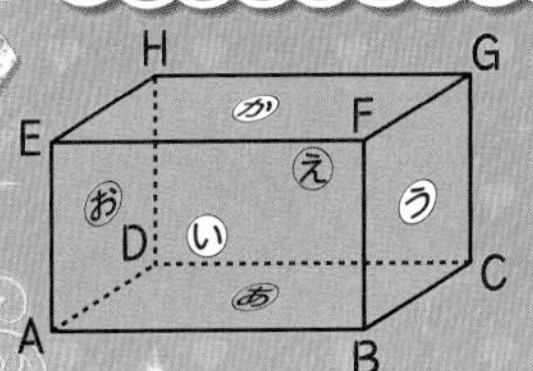

H
G
E
F
か
え
お
う
D
い
C
あ
A
B

あの面とかの面は平行
あの面といの面は垂直
あの面とうの面は垂直
あの面とえの面は垂直
あの面とおの面は垂直

辺ABとかの面は平行
辺ABとえの面は平行
辺ABとうの面は垂直
辺ABとおの面は垂直

図をよく見て考えよう。

17 折れ線グラフ

折れ線グラフの特ちょうをおさえておこう。

① 折れ線グラフは，変わっていくもののようすを表すときに使うよ！

1年間の気温の変わり方(大阪)

月	1	2	3	4	5	6	7	8	9	10	11	12
気温(度)	6	6	9	15	20	24	27	29	25	19	14	9

表より折れ線グラフのほうが，変わっていくようすがわかりやすいね。

(度)　1年間の気温の変わり方（大阪）

30, 25, 20, 15, 10, 5, 0

1　2　3　4　5　6　7　8　9　10　11　12（月）

変わり方が小さい

変わり方が大きい

折れ線グラフでは，線のかたむき具合で，変わり方のようすがわかるよ。

ふえている
へっている
変わらない

折れ線グラフでは，線のかたむきが急なところほど，変わり方が大きいことを表しているよ。

② 折れ線グラフのかき方

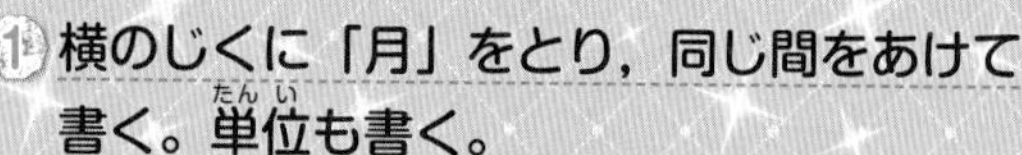

たいせつ **折れ線グラフのかき方手順**

（上の大阪の1年間の気温の変わり方の場合）

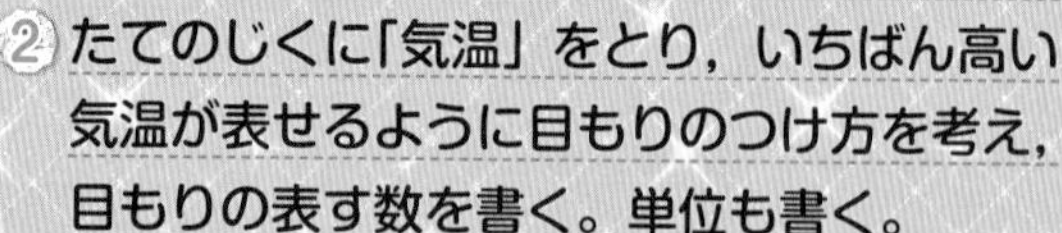

1. 横のじくに「月」をとり，同じ間をあけて書く。単位も書く。
2. たてのじくに「気温」をとり，いちばん高い気温が表せるように目もりのつけ方を考え，目もりの表す数を書く。単位も書く。
3. それぞれの月の気温を表すところに点をうち，点を直線で結ぶ。
4. 表題を書く。

練習問題の答え　1 (1)なの面　(2)うの面，との面　2 (1)頂点B　(2)(横0m，たて2m，高さ3m)

Let's TRY 練習問題

1 右の折れ線グラフは，仙台市の1年間の気温の変わり方を表したものです。

(度) 1年間の気温の変わり方(仙台)
25
20
10
0
1 2 3 4 5 6 7 8 9 10 11 12 (月)

(1) いちばん気温が高いのは何月で，それは何度ですか。

(2) 気温が変わっていないのは，何月と何月の間ですか。

たてのじくが「気温」で，
横のじくが「月」だね！

2 ふろのお湯が冷めていくようすを表したグラフとして正しいものを，次のア～ウから1つ選びましょう。

ア

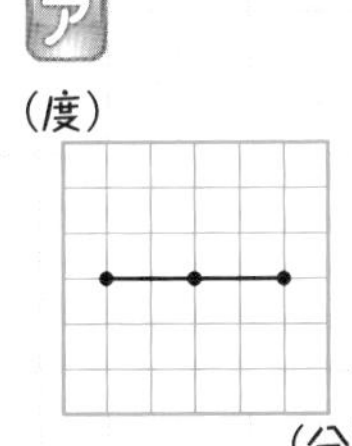
(度)
(分)

イ

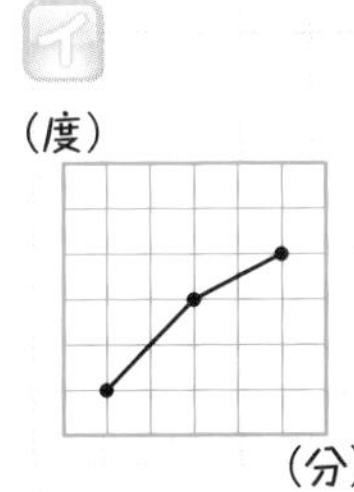
(度)
(分)

ウ

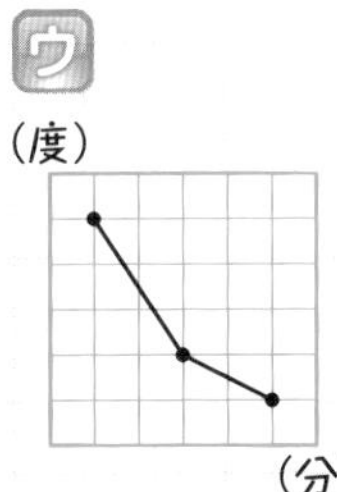
(度)
(分)

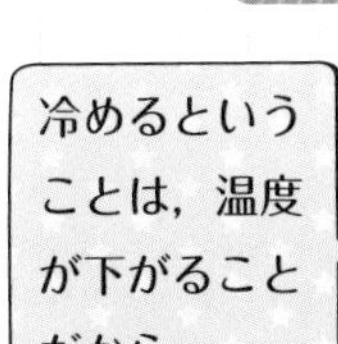
冷めるということは，温度が下がることだから…。

これだけはおさえて！

- 折れ線グラフでは，線のかたむきで変わり方がわかるよ。
- 線のかたむきが急なところほど，変わり方が大きいよ！

折れ線グラフだとひと目でわかりやすいだろ。

18 表

整理のしかたについてまとめよう。

1 いくつかの記録(きろく)を見やすく整理しよう！

2つの事がらを調べるには，下のような表に整理すると便利(べんり)だよ！

4年1組，2組，3組で，好(す)きなケーキ調べをしました。

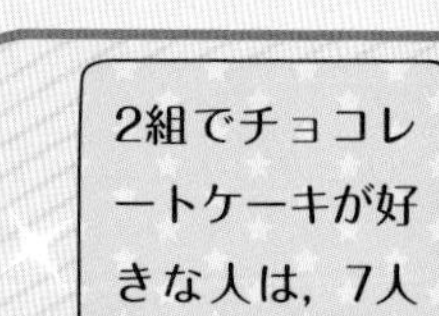

2組でチョコレートケーキが好きな人は，7人とわかるね。

私はチーズケーキが好き～。
私はモンブラン！カイト先生は？

好きなケーキ調べ(4年)　(人)

ケーキ＼組	1組	2組	3組	合計
ショートケーキ	6	5	9	20
チョコレートケーキ	6	7	4	17
フルーツケーキ	5	5	3	13
チーズケーキ	4	2	7	13
モンブラン	2	4	2	8
その他	4	8	5	17
合計	27	31	30	88

←ショートケーキが好きな人の合計

↑1組の人数　↑2組の人数　↑3組の人数　↑4年全体の人数

オレか？オレはショートケーキの上のイチゴかな。

2 2つの観点(かんてん)で調べたことをわかりやすく表そう！

おやつ調べ(1組)

おととい	きのう	人数(人)
○	○	10
○	×	6
×	○	7
×	×	4

おやつ調べ(1組)　(人)

		おととい 食べた	おととい 食べていない	合計
きのう	食べた	10	7	17
きのう	食べていない	6	4	10
合計		16	11	27

たいせつ　表にすると，「いつ」食べたのが「何人か」がすぐにわかるんだ！

練習問題の答え　1 (1)8月，24度　(2)1月と2月の間　2 ウ

Let's TRY 練習問題

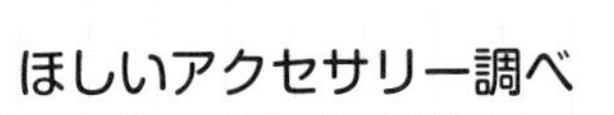

1 右の表は，ほしいアクセサリーを1つ選んでもらった結果をまとめたものです。

ほしいアクセサリー調べ　（人）

アクセサリー＼組	1組	2組	3組	合計
ブレスレット	4	3	ア	13
ネックレス	5	1	4	イ
ゆびわ	2	7	3	12
イヤリング	3	2	2	7
その他	1	0	1	2
合計	ウ	13	16	エ

(1) ア～エに入る数はそれぞれいくつですか。

ア　イ　ウ　エ

(2) 1組でネックレスがほしい人は何人ですか。

(3) ゆびわと答えた人がいちばん多いのは何組ですか。

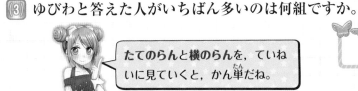

たてのらんと横のらんを，ていねいに見ていくと，かん単だね。

2 右の表を見て答えましょう。

(1) ネコとイヌのどちらもかっている人は何人ですか。

(2) ネコをかっている人は何人ですか。

かっている動物調べ　（人）

		ネコ かっている	ネコ かっていない	合計
イヌ	かっている	5	7	12
イヌ	かっていない	8	15	23
合計		13	22	35

19 変わり方調べ

変わっていく2つの数量の関係をおさえよう。

1 2つの数量の関係を表に表そう！

1辺が1cmの正方形をならべて，下のような階だんの形をつくります。

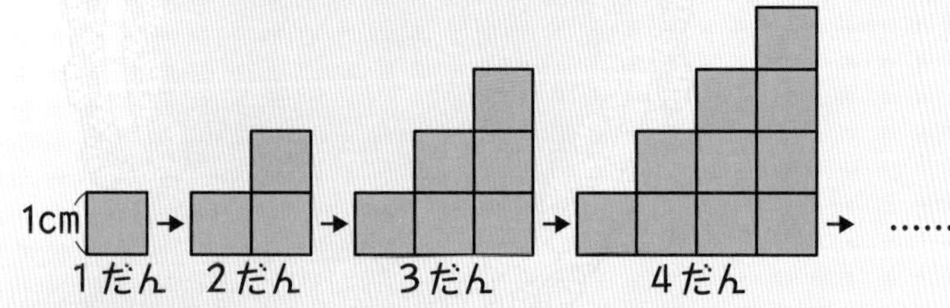

1cm
1だん
2だん
3だん
4だん
……

だんの数とまわりの長さを，表にまとめると，下のようになるよ。

だんの数　(だん)	1	2	3	4	5	6
まわりの長さ　(cm)	4	8	12	16	20	24

2 式に表すとどうなるかな？

30だんのときのまわりの長さを求めると……

だんの数　(だん)	1 ×4	2 ×4	3 ×4	4 ×4	……	30 ×4
まわりの長さ　(cm)	4	8	12	16	……	□

30×4＝120　　答え　120cm

だんの数を□だん，まわりの長さを○cmとすると，

だんの数				まわりの長さ
□				○
1	×	4	＝	4
2	×	4	＝	8
3	×	4	＝	12
⋮				

式　□×4＝○

たいせつ

まず，数字をあてはめて考えてから，□や○を使った式をつくればいいのね。

練習問題の答え　1 (1)ア6　イ10　ウ15　エ44　(2)5人　(3)2組　2 (1)5人　(2)13人

Let's TRY 練習問題

1 1まいの折(お)り紙に，たての向きに折り目をつけます。折り目の本数と分けられた長方形の数の関係を調べましょう。

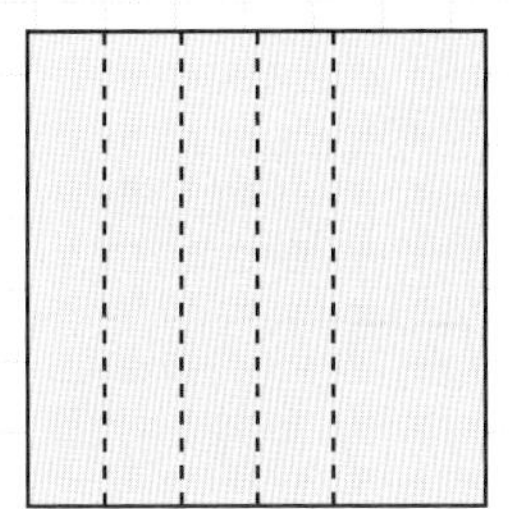

(1) 折り目の本数と分けられた長方形の数を下の表にまとめましょう。

折り目の本数　(本)	1	2	3	4	5
分けられた長方形の数（こ）					

(2) 折り目の本数を□本，分けられた長方形の数を○ことして，□と○の関係を式に表したものを，次のア～ウから1つ選(えら)びましょう。

ア ○＋□＝3　イ □×2＝○　ウ □＋1＝○

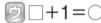

折り目の本数が1本のときだけで，答えを出したら**だめ**だぞ。

2 たてが4cm，横が1cmの長方形があります。横の長さを2cm, 3cm, …とのばしたときの面積(めんせき)を調べましょう。

(1) 横の長さと面積を，下の表にまとめましょう。

横の長さ　(cm)	1	2	3	4	5	6	7
面積　(cm^2)							

(2) 横の長さを□cm，面積を○cm^2として，□と○の関係を式に表しましょう。

＼おさえておこう！／
ポイントまとめ

ここにあることを覚えたら，小4算数はバッチリだ！

ポイント1 四捨五入

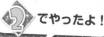

2 でやったよ！

1つの数を，ある位までのがい数で表すとき，
そのすぐ下の位の数字が，
0，1，2，3，4のとき…切り捨て
5，6，7，8，9のとき…切り上げ

四捨五入はまかせて！

ポイント2 計算の決まり

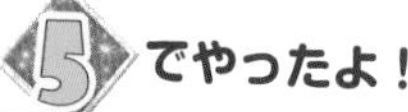
5 でやったよ！

(　)を使った式の計算の決まり

(■＋●)×▲＝■×▲＋●×▲

(■－●)×▲＝■×▲－●×▲

計算の決まりを使うと，計算がラクにできるぞ。

たし算やかけ算の計算の決まり

たし算

■＋●＝●＋■

(■＋●)＋▲＝■＋(●＋▲)

かけ算

■×●＝●×■

(■×●)×▲＝■×(●×▲)

ポイント3 分数

8 でやったよ！

真分数　分子が分母より小さい分数

仮分数　分子と分母が同じか，分子が分母より大きい分数

帯分数　整数と真分数の和で表されている分数

練習問題の答え　1 (1)2，3，4，5，6　(2)ウ　2 (1)4，8，12，16，20，24，28　(2)□×4＝○

ポイント4
角の大きさ

10 でやったよ！

ポイント4 角の大きさ

分度器（ぶんどき）の使い方

① 分度器の中心を頂点（ちょうてん）アにあわせる。
② 0°の線を辺（へん）アイにあわせる。
③ 辺アウの上にある目もりをよむ。

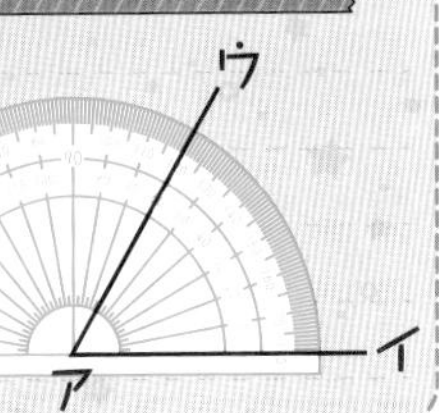
ウ
イ
ア

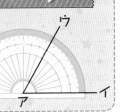

12 でやったよ！

ポイント5
四角形

ポイント5 四角形

台形　向かい合った1組の辺が平行な四角形

平行四辺形　向かい合った2組の辺が平行な四角形（向かい合った辺の長さや角の大きさは等しい）

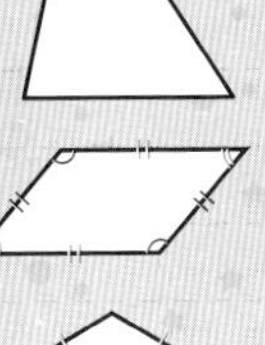

ひし形　辺の長さがすべて等しい四角形

13 でやったよ！

ポイント6 面積

長方形の面積＝たて×横
　　　　　　＝横×たて

たて　横

1辺　1辺

正方形の面積＝1辺×1辺

公式は覚えたかな？

15 でやったよ！

ポイント7 直方体と立方体

直方体や立方体の面の数，辺の数，頂点の数

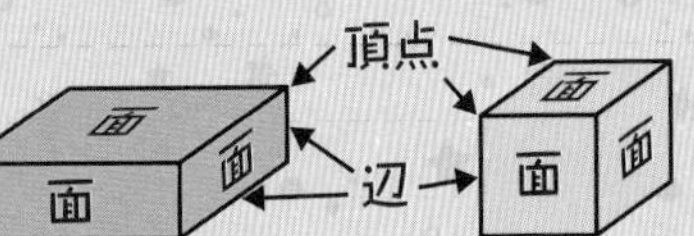
頂点
面
面
面
辺
面
面
面

	面の数	辺の数	頂点の数
直方体	6	12	8
立方体	6	12	8

チェックテスト【算数】
⇒答えと解説は P.192

1 次の計算をしましょう。

(1) ふく習P32
7)91
(2) ふく習P34
46)878
(3) ふく習P40
28.4
× 5

□ (4) ふく習P40

8)5.6

□ (5) ふく習P36

$17+(8\times3-5)=$ □

□ (6) ふく習P44

$\frac{5}{7}+\frac{2}{7}=$ □

計算のしかたを確(かく)にんしよう。

2 次の □ にあてはまる数を書きましょう。

□ (1) 5000億(おく)を10倍した数は □ です。 ふく習P28

□ (2) 3947を千の位(くらい)までのがい数にすると, □ です。 ふく習P30

□ (3) $\frac{24}{9}$と$2\frac{5}{9}$では, □ のほうが大きいです。 ふく習P42

□ 3 1組の三角じょうぎを使って，角をつくりました。色のついた角の大きさは何度ですか。

ふく習P46

○ ○

□ 4 右のひし形を見て，辺(へん)の長さや角の大きさを答えましょう。

ふく習P50

A 4cm 105° B 75° D C

□ (1) 辺BCの長さ

□ (2) 角Dの大きさ

□ 5 1辺が15cmの正方形の形をした紙の面積は何cm^2ですか。

ふく習P52

公式を使おう！

□ 6 直方体の面，辺，頂点(ちょうてん)の数を答えましょう。

ふく習P56

面の数　辺の数　頂点の数

□ 7 次の表で，りんごは好(す)きだが，みかんはきらいな人は何人いますか。

ふく習P62

くだものの好ききらい調べ（人）

		りんご		合計
		好き	きらい	
みかん	好き	11	6	17
	きらい	8	3	11
合計		19	9	28

たてと横のらんをまちがえないようにね！

プチ体けい

いろいろながら

垂直(すいちょく)や平行(へいこう)を使った，
いろいろながらがあるぞ。
好(す)きながらはどれかな？

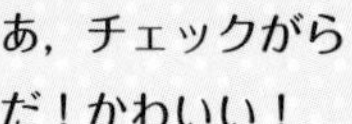

あ，チェックがらだ！かわいい！

直線と直線が垂直に交わってるね。カグヤ，チェックのスカートに合いそう！

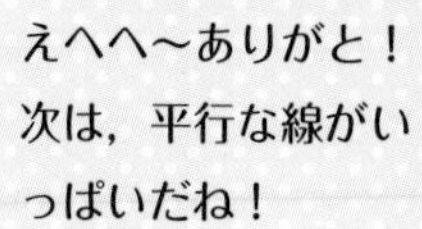

えへへ～ありがと！次は，平行な線がいっぱいだね！

ボーダーとストライプだ！ストライプの着物着たーい！

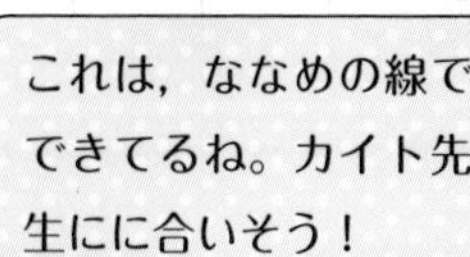

これは，ななめの線でできてるね。カイト先生にに合いそう！

オレは無地(むじ)のシャツしか着ないが…カグヤがそういうなら，着てみようかな。

3時間目
理科
Science

理科の世界へ
GO(ゴー)!

春の生き物

ヘチマが成長(せいちょう)していくようすや，
春の生き物のようすを調べよう。

① ヘチマのたねのまき方

1～2ｃｍくらいの深さにまく。

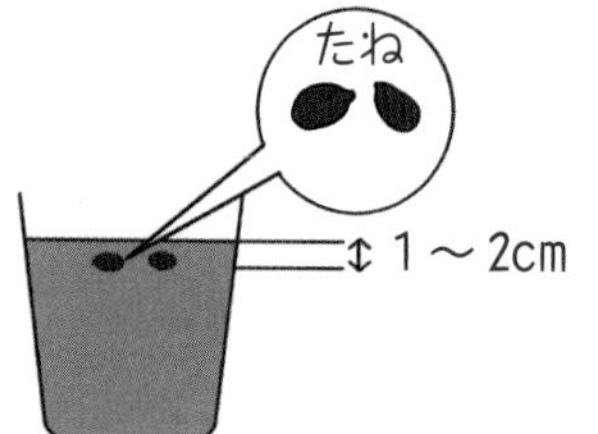
たね
1～2cm

どんどん育って
葉が４まいにな
ったのね。

② ヘチマの植えかえ

葉が３～４まいになったら
植えかえる。

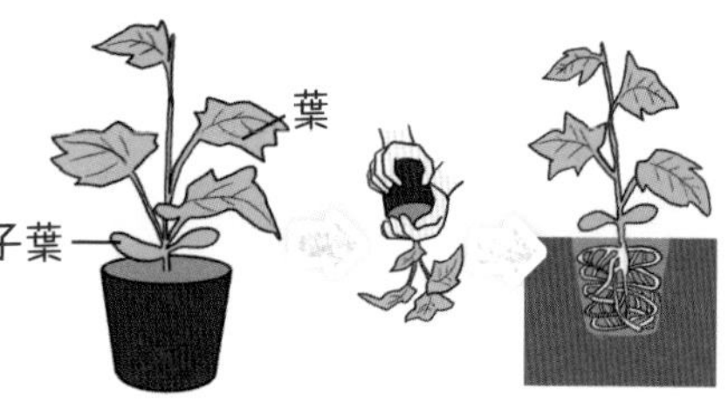
葉
子葉

葉が４まいくらいになったら，
くきや根をいためないように，
土ごと植えかえるのよ！

③ 生き物のようすの記録(きろく)のしかた

観察(かんさつ)した**日時**，**場所**，**天気**や**気温**，
観察したものの**名前**や**ようす**，**気**
づいたことなどを記録するんだ。

たいせつ

春になると，気温が
高くなるから，活動
を始める動物が多く
なるんだわ！

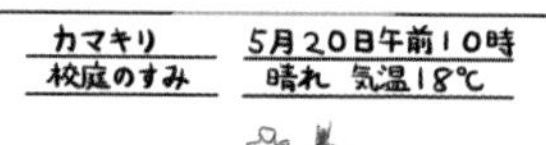
カマキリ
5月20日午前10時
校庭のすみ
晴れ 気温18℃

木のえだについているオオカマキリのらんのうを見つけた。
らんのうから1cmくらいのよう虫がたくさん出てきて，ぶら下がっていた。

Let's TRY 練習問題

練習問題の答えは次のページにあります。

1 ヘチマを植えかえる時期として**正しいもの**を，次のア〜ウから1つ選びましょう。

ア 子葉が出たとき

イ 葉が3〜4まいになったとき

ウ 花がさいたとき

2 ヘチマのなえの植えかえ方で**正しいもの**を，次のア〜ウから1つ選びましょう。

ア 根をよく洗い，ほぐしてから植えかえる。

イ 根のまわりの土を落としてから植えかえる。

ウ 根に土をつけたまま植えかえる。

リク先生！根はそのまま植えかえてもいいのかな？

根をいためないように，そのまま植えかえるんだ。土にはひ料を入れ，植えかえたあとに水をあたえるといいだろう。

3 春の生き物のようすとして**正しいもの**を，次のア〜ウから1つ選びましょう。

ア 冬より気温が高くなるので，動物は活動を始める。

イ 冬より気温が低くなるので，動物はたまごをうむ。

ウ 冬より気温が高くなるので，植物はかれる。

天気と気温

気温のはかり方や，１日の気温の変化(へんか)の仕方をおさえよう。

① 気温のはかり方

１．２～１．５ｍの高さではかる。

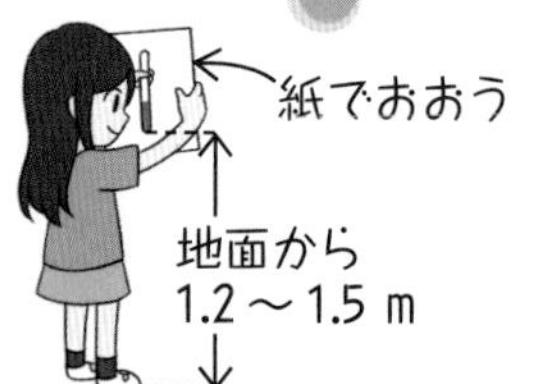

紙でおおう
地面から
1.2 ～ 1.5 m

風通しのよい場所で，温度計に直せつ日光が当たらないようにしてはかるんだ。

温度計に直せつ日光が当たらないように，紙で日かげをつくっているのね。わたしは日(ひ)焼(や)けするから，日光には当たりたくないな～。

② １日の気温の変化

天気によって１日の気温の変化の仕方が変(か)わる。

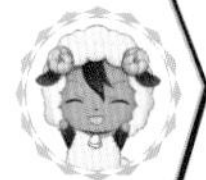

晴れた日は気温の変化が大きいけれど，雨やくもりの日は気温の変化が小さいんだ。

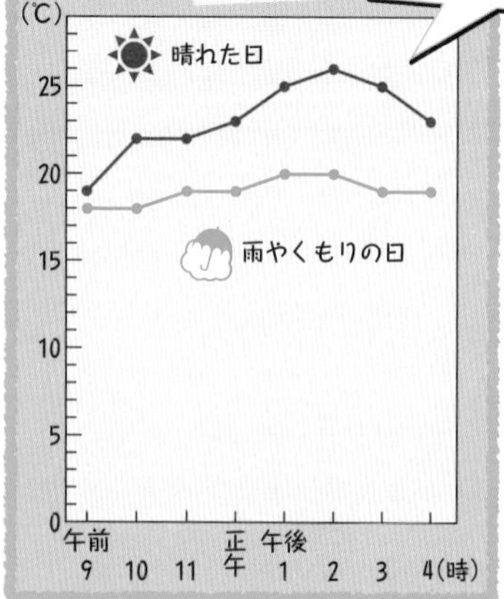

(℃)
晴れた日
雨やくもりの日
25
20
15
10
5
0
午前 9
10
11
正午
午後 1
2
3
4(時)

昼は気温が高いけど，夜には低(ひく)くなっているみたいだね。
たいせつ
晴れの日の気温は，日の出の前くらいに最低(さいてい)になって，午後２時ごろ最高になるのよ！

練習問題の答え　1イ　2ウ　3ア

Let's TRY 練習問題

1 気温をはかるときの高さとして**正しいもの**を，次の[ア]～[ウ]から1つ選び(えら)ましょう。

[ア] 0ｍ～0．3ｍの高さ

[イ] 0．5ｍ～1．0ｍの高さ

[ウ] 1．2ｍ～1．5ｍの高さ

2 気温のはかり方として**正しいもの**を，次の[ア]～[エ]から1つ選びましょう。

[ア] 風通しのよいところで，直せつ日光を当てる。

[イ] 風通しのよいところで，直せつ日光を当てない。

[ウ] 風通しの悪いところで，直せつ日光を当てる。

[エ] 風通しの悪いところで，直せつ日光を当てない。

3 右のグラフは，ある日の1日の気温の変化を表しています。この日の天気を，**晴れ・くもり・雨**から1つ選びましょう。

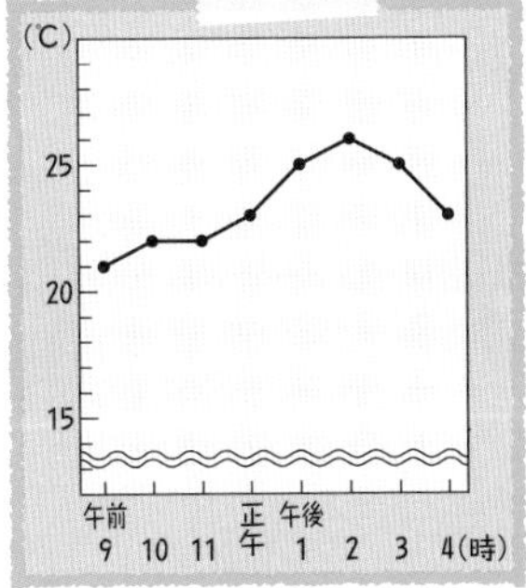

(℃)
25
20
15
午前
9
10
11
正午
午後
1
2
3
4(時)

グラフが山のような形になっているのね。

晴れの日は，1日の気温の変化が大きいの！

3 雨水のゆくえと地面のようす

地面にふった雨水のゆくえや，
雨がふったあとの地面のようすを調べよう。

①雨水のゆくえ

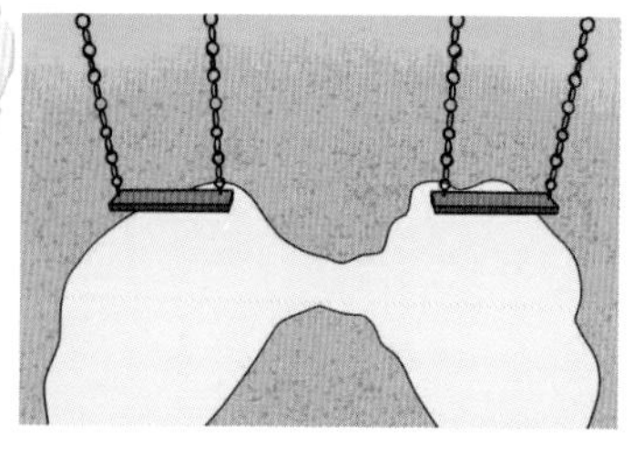

雨がふったあとは，くぼんで低(ひく)くなったところに，水がたまっているわ！

雨水が，高いところから低いところへ流れて集まったのよ！

たいせつ

水が地面を流れるときは，高いところから低いところへと流れていく。雨水が流れていく方向は，地面がかたむいて，低くなってるってことだぞ！

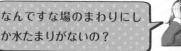

②水のしみこみ方

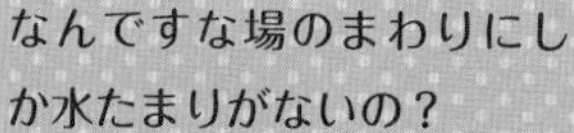
なんですな場のまわりにしか水たまりがないの？

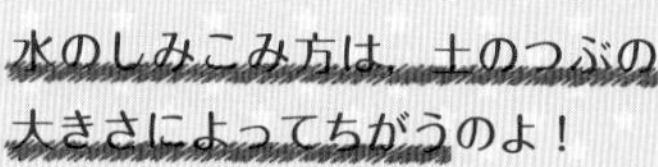
水のしみこみ方は，土のつぶの大きさによってちがうのよ！

小石やすなのようにつぶが大きいと，水がしみこみやすく，水がたまりにくいんだ。土のつぶが小さいどろは，水がしみこみにくいぞ。

練習問題の答え　1ウ　2イ　3晴れ

Let's TRY 練習問題

1 水が地面を流れるときのようすとして正しいものを，次の ア～ウ から1つ選びましょう。

ア 低いところから高いところへ流れる。

イ 高いところから低いところへ流れる。

ウ 流れ方に決まりはない。

2 どろ，すな，小石をそれぞれ入れたペットボトルに，同じ量の水を入れたときの水のしみこみ方として正しいものを，次の ア～ウ から1つ選びましょう。

ア どろがいちばん水がしみこみやすい。

イ すながいちばん水がしみこみやすい。

ウ 小石がいちばん水がしみこみやすい。

どろ，すな，小石の順に，つぶの大きさが大きくなるのよ。

つぶが大きいほうが，水がしみこみやすいんだよね。

これだけはおさえて！

水は，高いところから低いところへ流れるよ！

水たまりができるのにも，理由があるのさ。

電流のはたらき①

かん電池をつなぐ向きと，電流の向きの関係をおさえよう。

① 電流のはたらき

かん電池を使って回路をつくると，モーターが回る。

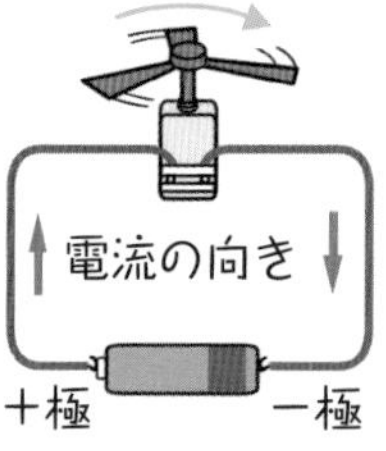

電流の向き
＋極
－極

かん電池から電気が流れると，モーターが回るんだ！

たいせつ

かん電池の＋極から－極へ電気が流れるんだ。この回路を流れる電気のことを**電流**というんだ。

かん電池をつなぐ向きを変えると，モーターが反対に回る。

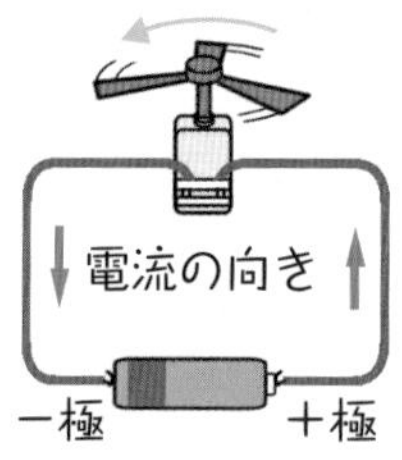

電流の向き
－極
＋極

かん電池を反対につなぐと，モーターは回るのかな？

かん電池をつなぐ向きを変えると，電流の向きが変わるの。だから，モーターは反対に回るのよ！

② けん流計の使い方

けん流計は，回路のと中につなぐ。

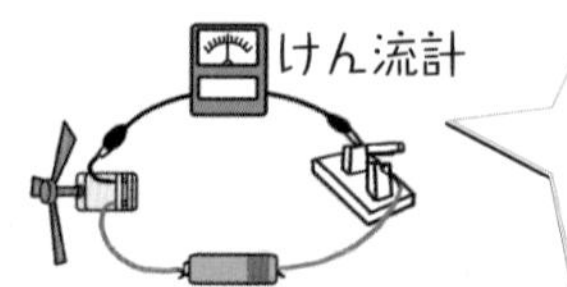

けん流計

けん流計を使うと，はりのふれ具合で電流の大きさを，はりのふれる向きで電流の向きを調べることができるんだ。

練習問題の答え 1イ 2ウ

Let's TRY 練習問題

1 回路ができると，かん電池の**何極から何極へ**電気が流れますか。次の ア，イ から１つ選びましょう。

ア －極から＋極へ流れる。

イ ＋極から－極へ流れる。

2 **回路を流れる電気**のことを何といいますか。

3 かん電池の＋極と－極を入れかえたときの，回路を流れる電気の向きとして**正しいもの**を，次の ア，イ から１つ選びましょう。

ア 反対になる

イ 変わらない

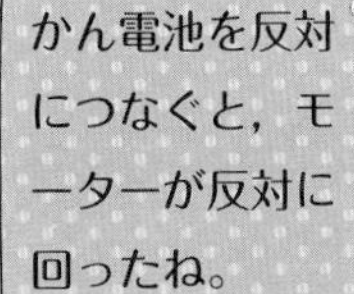

かん電池を反対につなぐと，モーターが反対に回ったね。

そうそう。電気が流れる向きが反対になると，モーターが回る向きも反対になるのよ！

これだけはおさえて！

電流は，かん電池の＋極から出て，－極へ流れるよ！

電流の向きは決まってるんだ。オレの心ももう決まってる…。

電流のはたらき②

2このかん電池のつなぎ方と，電流の大きさの関係をおさえよう。

① かん電池の直列つなぎ

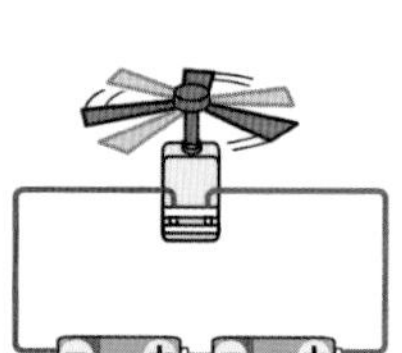

たいせつ かん電池の＋極と，別のかん電池の－極がつながるようなつなぎ方を，**直列つなぎ**というんだ。

かん電池が１このときより，モーターが速く回っているわ。電流の大きさが大きくなっているのね！

② かん電池のへい列つなぎ

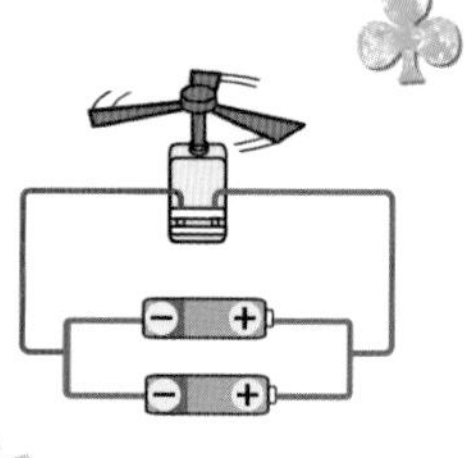

かん電池の同じ極どうしでつなぐつなぎ方を，**へい列つなぎ**というんだ。

かん電池が１このときと同じ速さでモーターが回っているわ。電流の大きさは変わらないのね！

③ 電流の大きさ

モーター　豆電球

かん電池のつなぎ方で，電流の大きさが変わるの？

電流が大きくなると，モーターが速く回ったり，豆電球の明るさが明るくなったり，電流のはたらきも大きくなるのよ。

練習問題の答え　1イ　2電流　3ア

Let's TRY 練習問題

1 下の図のように，２このかん電池をつなぎました。**直列つなぎ**をア，イから１つ選びましょう。

ア

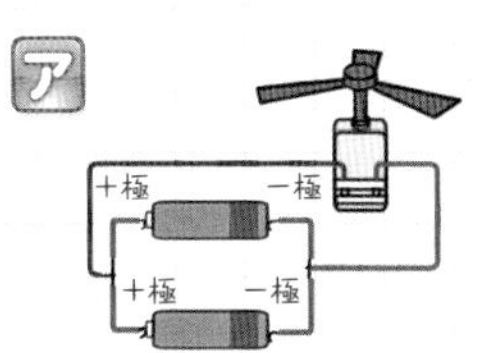

＋極
－極
＋極
－極

イ

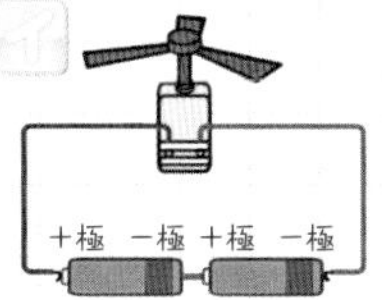

＋極
－極
＋極
－極

かん電池の同じ極どうしをつなぐほうだったかな？

ちがうちがう！ちがう極をつなぐほうが，直列つなぎよ！

2 ２このかん電池とモーターをつないだときの，モーターの回り方として**正しいもの**を，ア～ウから**１つ**選びましょう。

ア かん電池を直列つなぎにすると，モーターは速く回る。

イ かん電池をへい列つなぎにすると，モーターは速く回る。

ウ どのようにつないでも，モーターの速さは変わらない。

これだけはおさえて！

かん電池２こを直列につなぐと電流の大きさは大きくなるけど，へい列につないでも電流の大きさはかん電池１このときと変わらないんだ。

かん電池のつなぎ方で，電流の大きさが変わるぞ。

とじこめた空気と水

とじこめた空気や水のせいしつをおさえよう。

① とじこめた空気のせいしつ

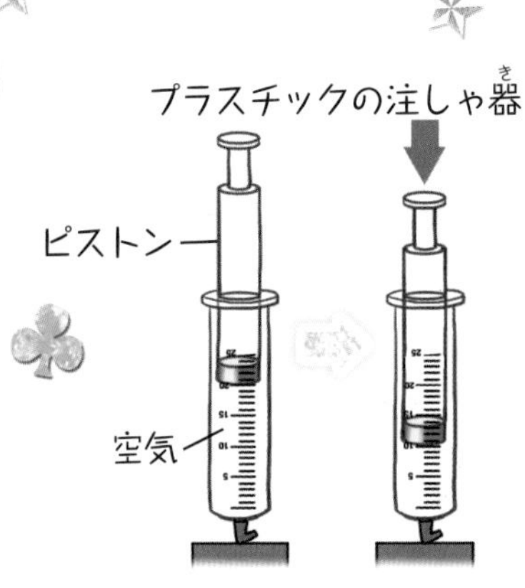

プラスチックの注しゃ器
ピストン
空気

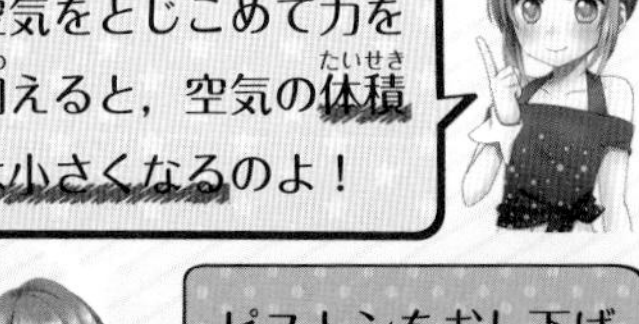

空気をとじこめて力を加えると，空気の体積は小さくなるのよ！

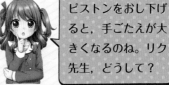

ピストンをおし下げると，手ごたえが大きくなるのね。リク先生，どうして？

たいせつ

空気の体積が小さくなるほど，もとにもどろうとして，おし返す力が大きくなるからだ。

② とじこめた水のせいしつ

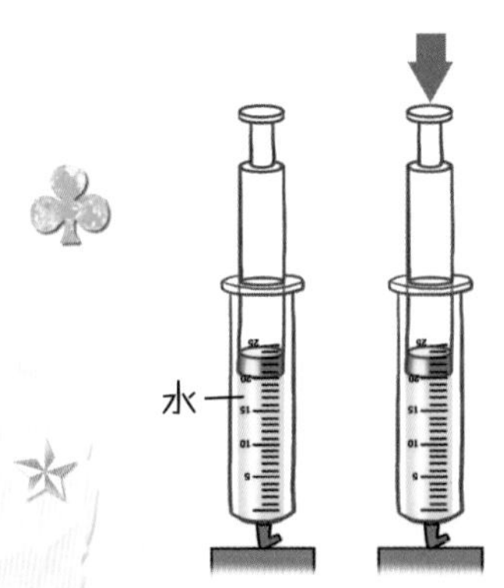

水

水をとじこめて力を加えても，水の体積は変わらないんだ！

水のときは，ピストンに力を加えても，ピストンは下がらないのね。

練習問題の答え　1イ　2ア

Let's TRY 練習問題

1 右の図のように，空気をとじこめた注しゃ器のピストンをおしたときのようすとして正しいものを，ア～ウから１つ選(えら)びましょう。

ア 空気の体積が大きくなる。

イ 空気の体積が小さくなる。

ウ 空気の体積は変わらない。

空気

2 右の図のように，水をとじこめた注しゃ器のピストンをおしたときのようすとして正しいものを，ア～ウから１つ選びましょう。

ア 水の体積が大きくなる。

イ 水の体積が小さくなる。

ウ 水の体積は変わらない。

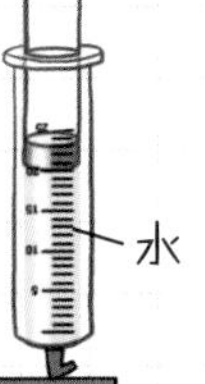
水

3 とじこめた空気や水に力を加えたときの説明(せつめい)として，正しいものを，ア～ウから１つ選びましょう。

ア 空気だけがおしちぢめられる。

イ 水だけがおしちぢめられる。

ウ どちらもおしちぢめられる。

どっちもおしちぢめられたっけ？

ピストンが下がったのはどっちだったか思い出して！

7 夏の生き物

あたたかくなると，ヘチマの成長のようすや生き物のようすはどうなるか調べよう。

① ヘチマの成長のようす

お花
め花

あたたかくなるにつれて，ヘチマは大きく成長したみたいね。

くきがのび，葉の数がふえ，花もさき始めるんだ！ヘチマの花には，**お花**と**め花**の２種類の花があるのね！

② 動物のようす

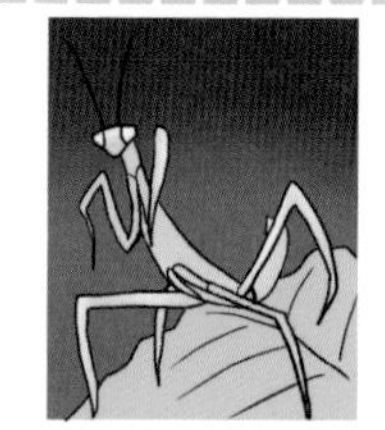

オオカマキリのよう虫　アブラゼミ

暑くなると，動物も成長して，さかんに活動するのよ！

セミの鳴き声も聞こえるね。

オオカマキリのよう虫は春より大きくなり，こん虫をつかまえるようすも見られる。土の中で育った**セミ**のよう虫は，地上に出てきて**成虫**になり，さかんに鳴いているんだ。

練習問題の答え　1イ　2ウ　3ア

Let's TRY 練習問題

1 夏になると，**ヘチマのくき**がよくのびるのはなぜですか。

夏になると，くきがどんどんのびて，葉がたくさん出てきたよね。

夏が近づくにつれて，気温が高くなると，植物の成長も早くなってたね！

2 ヘチマの花の色として**正しいもの**を，次のア～ウから**1つ**選びましょう。

ア 白色　イ 黄色　ウ うすむらさき色

3 夏に見られるセミのすがたとして**正しいもの**を，次のア～ウから**1つ**選びましょう。

ア たまご　イ さなぎ　ウ 成虫

これだけはおさえて！

夏になって気温が高くなると，植物が大きく成長し，それを食べる動物が成長するよ。さらにその動物を食べる動物も成長して，動きも活発になっていくんだ。

夏には人間も成長が早くなるものだ。きみたちの成長も…，もちろん早くなるものさっ！

夏の星

夏の夜空に見られる星の明るさや色を調べよう。

① 夏の夜空に見られるせいざ

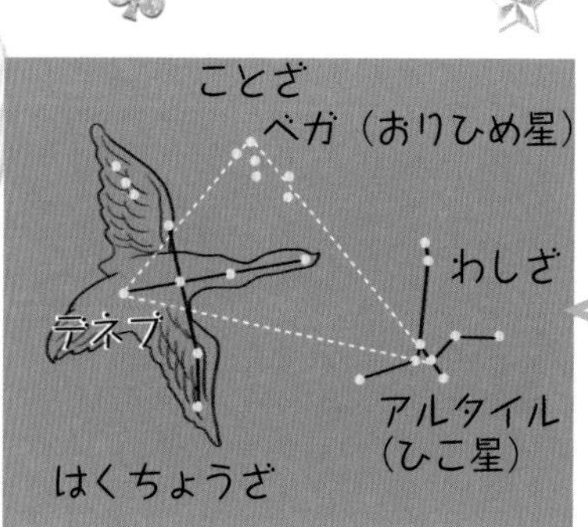

ことざ
ベガ（おりひめ星）
わしざ
デネブ
アルタイル（ひこ星）
はくちょうざ

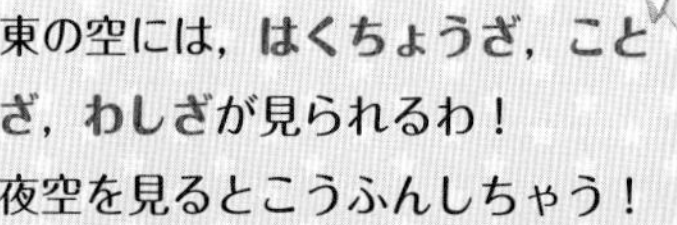

東の空には，**はくちょうざ**，**ことざ**，**わしざ**が見られるわ！
夜空を見るとこうふんしちゃう！

たいせつ

セーラは星が本当に好（す）きだな。ことざの**ベガ**，はくちょうざの**デネブ**，わしざの**アルタイル**の3つの星を結（むす）んでできる三角形を**夏の大三角**というんだ。

② 星の明るさと色

明るい星や暗い星があるのね。
アンタレスは赤い色なんだ！
星によって色もちがうのね。

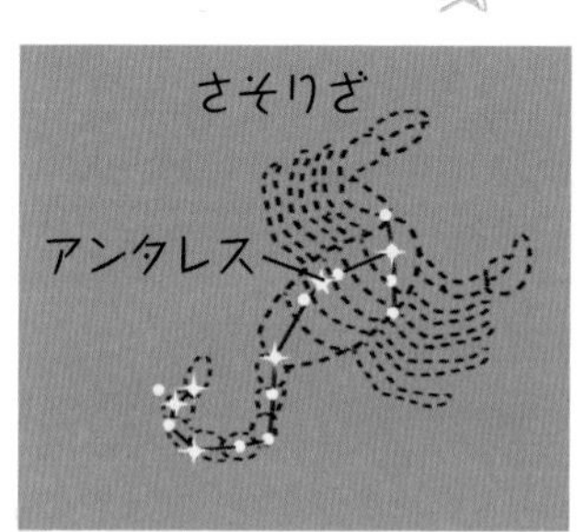

さそりざ
アンタレス

星は明るいものから**1等星**，**2等星**，**3等星**…と分けられているよ。夏の大三角をつくる星や，南の空に見えるさそりざのアンタレスは，すべて1等星なんだ。

星の色は，**星の表面の温度**と関係（かんけい）しているんだ。

赤
だいだい
黄
うす黄
白
青白
低い
星の表面の温度
高い

練習問題の答え　1 気温が高くなるから。　2 イ　3 ウ

Let's TRY 練習問題

1 ベガ，デネブ，アルタイルの3つの星を結んでできる三角形を何といいますか。

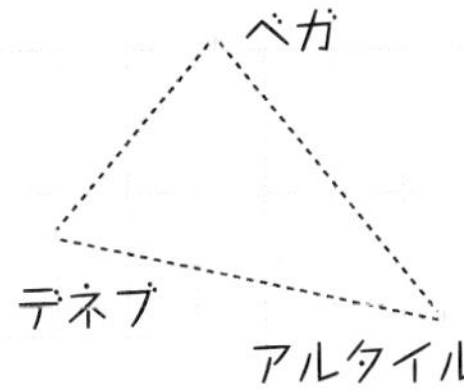
ベガ
デネブ
アルタイル

2 アルタイルがあるせいざとして正しいものを，次のア～ウから1つ選(えら)びましょう。

ア ことざ　イ はくちょうざ　ウ わしざ

せいざは，星の集まりをいろいろな動物や道具などに見立てて，名前をつけたものよ！

3 1等星，2等星…という分け方のきじゅんとして正しいものを，次のア～ウから1つ選びましょう。

ア 星の色　イ 星の明るさ　ウ 星までのきょり

4 赤い色の星を，次のア～エから1つ選びましょう。

ア ベガ　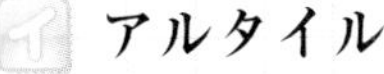イ アルタイル　ウ デネブ　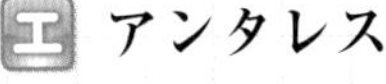エ アンタレス

9 からだのつくりと運動

人のからだのつくりと，からだの動くしくみをおさえよう。

① 人のほねのつくり

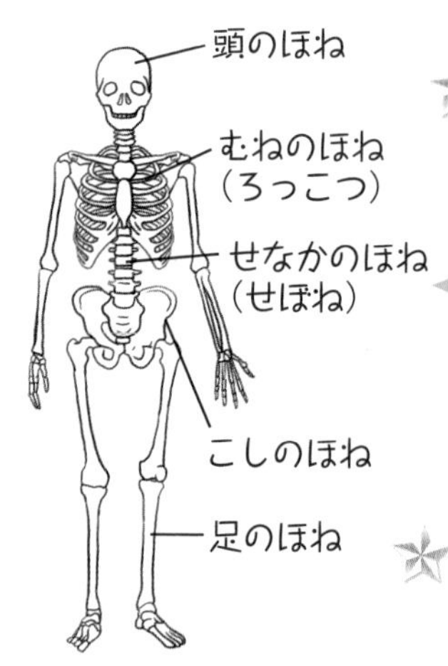
頭のほね
むねのほね（ろっこつ）
せなかのほね（せぼね）
こしのほね
足のほね

ほねにはからだをささえたり，からだを守ったりするはたらきがあるのよね！

せなかのほねやこしのほねは，からだをささえているんだ。頭のほねは脳を，むねのほねは肺や心ぞうを守っているんだ。オレも…守ってあげたい子がいるんだ…。

えっ…？

② からだが動くしくみ

<うでが曲がる>

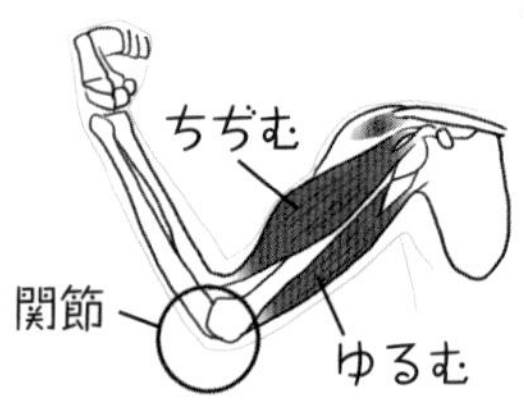
ちぢむ
関節
ゆるむ

<うでがのびる>

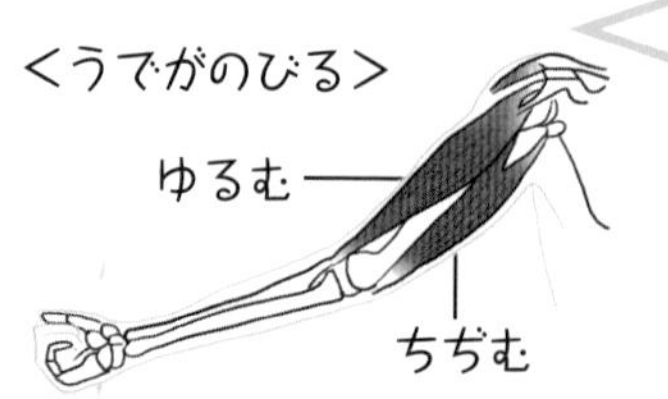
ゆるむ
ちぢむ

たいせつ ほねとほねのつなぎ目で，からだを曲げることができるところを，**関節**というのよ！

関節って，聞いたことがあるわ。でも，どうやってからだを動かすことができるの？

ほねをはさんで２つの**きん肉**がついていて，そのきん肉がちぢんだりゆるんだりすることで，ほねを動かすことができるんだ。

練習問題の答え　1夏の大三角　2ウ　3イ　4エ

Let's TRY
練習問題

1 ほねとほねのつなぎ目で，からだを曲げることができるところを何といいますか。

2 図のようにうでを曲げるときにちぢむきん肉を，ア，イから1つ選びましょう。

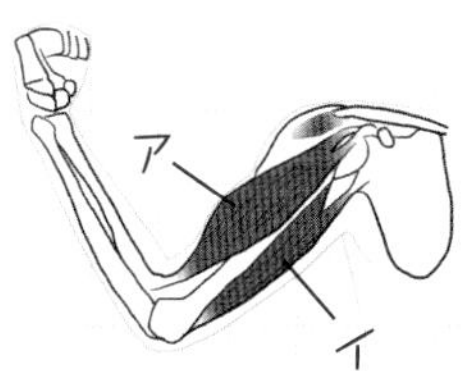
ア
イ

うでを曲げるときにはどのきん肉がちぢむんだっけ？

ほねについている2つのきん肉のうち，内側のきん肉がちぢんで，外側のきん肉がゆるむとうでが曲がるわ！

3 からだをささえるはたらきをするほねとして正しいものを，次のア～エから2つ選びましょう。

ア 頭のほね　イ せなかのほね
ウ こしのほね　エ むねのほね

これだけはおさえて！

ほねについているきん肉がちぢんだりゆるんだりすることで，人のからだが動くんだ。

人のからだはふしぎだろ。心はもっとふしぎなんだけど…。

月の動き

月の形のちがいと，月の動き方をおさえよう。

① 半月の動き方

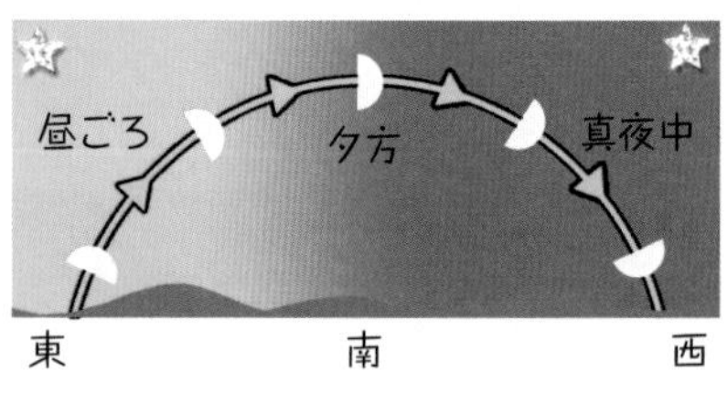
昼ごろ
夕方
真夜中
東
南
西

月といえばわたしよね。夕方，南の空を見ると，半月が見えたわ。

カグヤには負けないわ！このあと半月は西の空へ動いていくのよ！

たいせつ

月も太陽と同じように，**東からのぼり，南の空を通って，西へしずむ**…。右半分が光っている半月はお昼ごろに東からのぼり，夕方に南の空を通って，真夜中に西へしずむんだ。

② 満月(まんげつ)の動き方

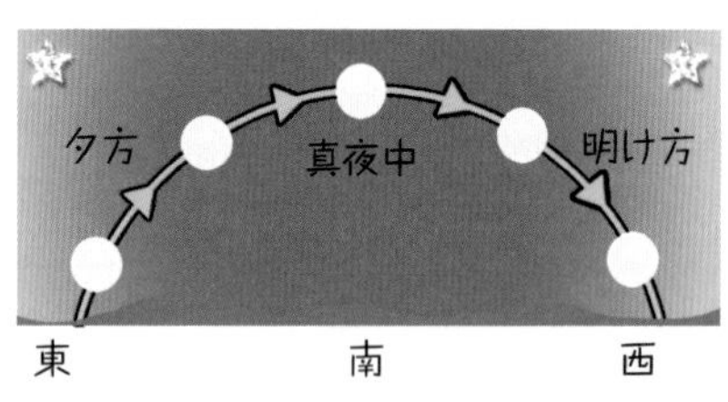
夕方
真夜中
明け方
東
南
西

満月は夕方ごろ，東の空からのぼってくるのね。

のぼってくる時こくはちがうけど，満月もこのあと半月と同じように動くよ！

月は日によって見える形が変(か)わり，時こくによって見える位(い)置(ち)が変わるんだ。南の空に見えるのは，半月は夕方，満月は真夜中だな。月の形は変わっても，動き方は変わらないんだ。

練習問題の答え　1関節　2ア　3イ，ウ

Let's TRY 練習問題

1 下の図のような形の月が南の空に見られるのはいつごろですか。**正しいもの**を，次のア～エから**1つ**選びましょう。

ア 明け方　イ 昼ごろ

ウ 夕方　エ 真夜中

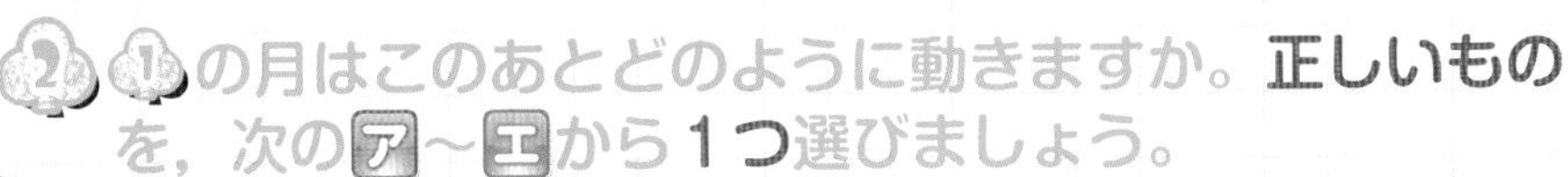

2 1の月はこのあとどのように動きますか。**正しいもの**を，次のア～エから**1つ**選びましょう。

ア 東のほうにのぼる。　イ 西のほうにのぼる。

ウ 東のほうにしずむ。　エ 西のほうにしずむ。

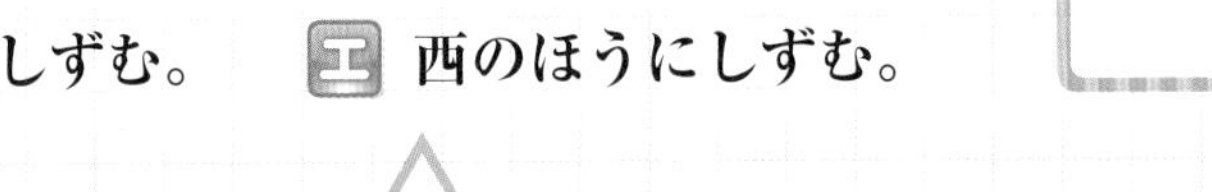

セーラ，月はどのように動くんだっけ？

月は太陽と同じように，**東→南→西**と動くよ！

3 夕方，月を観察すると，満月が見えました。満月が見えた方位として**正しいもの**を，次のア～エから**1つ**選びましょう。

ア 東　イ 西　ウ 南　エ 北

秋の生き物

すずしくなると，生き物のようすがどのように変(か)わるか調べよう。

① ヘチマのようす

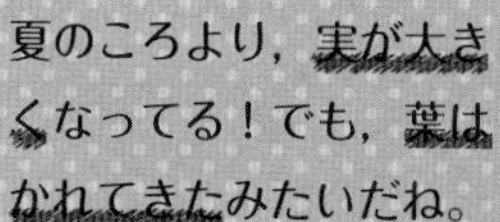

夏のころより，実が大きくなってる！でも，葉はかれてきたみたいだね。

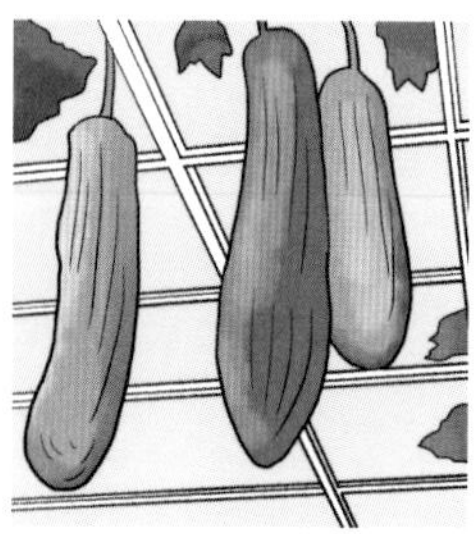

水や養分(ようぶん)はヘチマの実をつくるために使われるから，くきの成長(せいちょう)は止まり，だんだんかれてくるのね。

じゅくした実は，**緑色**から**茶色**に変わるんだ。茶色の実は軽くてかたく，中には黒いたねが入っているんだ。

② 動物のようす

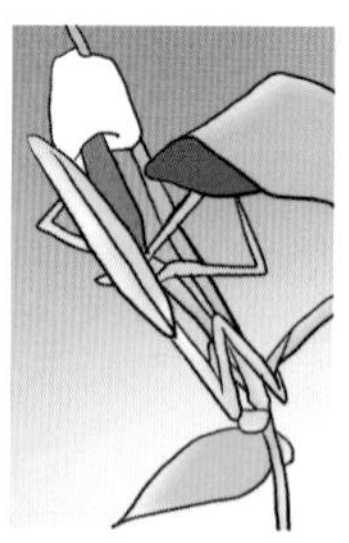

成虫(せいちゅう)になった**オオカマキリ**は植物のくきなどにたまごをうみつけ，あわのようなものでつつんでいたわ！

秋には気温や水温が低(ひく)くなり，動物の活動がにぶくなる。**ツバメ**は，あたたかい南の地方へわたっていくんだ。

練習問題の答え ①ウ ②エ ③ア

Let's TRY 練習問題

① ヘチマの実が大きくなるころのくきののび方として**正しいもの**を，次のア，イから１つ選びましょう。

ア くきがどんどんのびる。

イ くきののびが止まる。

② ヘチマの実がじゅくしたときのようすとして**正しいもの**を，次のア～エから１つ選びましょう。

ア 緑色で重い。　イ 緑色で軽い。

ウ 茶色で重い。　エ 茶色で軽い。

ヘチマの実は何色だったかな？

緑色の実は，じゅくすと茶色になっていくのよ。中には黒いたねが入っているわ！

③ カマキリの秋のようすとして**正しいもの**を，次のア～エから１つ選びましょう。

ア たまごがかえり，よう虫になる。

イ よう虫のまま動きまわる。

ウ よう虫がさなぎになる。

エ 成虫がたまごをうむ。

12 ものの体積と温度①

温度の変化と空気の体積や水の体積との関係をおさえよう。

① 空気の体積と温度

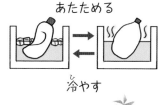

あたためる

冷やす

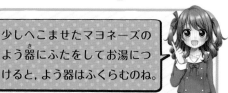

少しへこませたマヨネーズのよう器にふたをしてお湯につけると，よう器はふくらむのね。

ふくらんだよう器を氷水につけて冷やすと，へこむのよ。

たいせつ

空気はあたためると**体積**が**大きく**なり，**冷やす**と**体積**が**小さく**なるんだ。

② 水の体積と温度

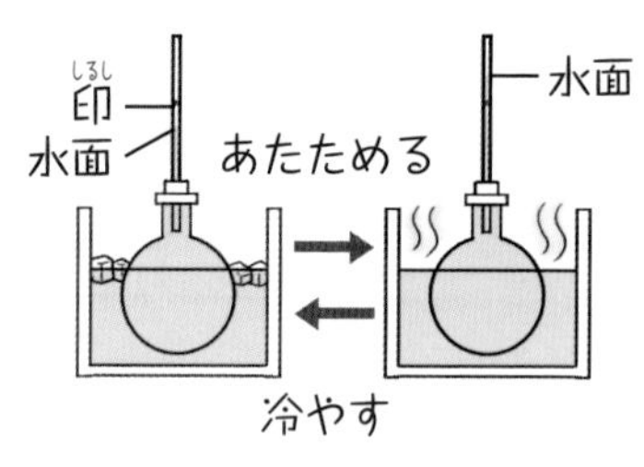

印
水面
あたためる
水面
冷やす

じゃあ，水をあたためると，体積はどうなるの？

水をいっぱいまで入れたフラスコをあたためると，ガラス管の水面の位置が上に動くわ。冷やすと下に動くのよ。

水も空気と同じように，**あたためる**と**体積**が**大きく**なり，**冷やす**と**体積**が**小さく**なるんだ。ただし，体積の変化は，空気よりは小さいな。

練習問題の答え　1イ　2エ　3エ

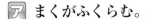

Let's TRY
練習問題

1 図のように，石けん水のまくをつけた試験管を湯につけてあたためたときのようすとして**正しいもの**を，次のア～ウから１つ選びましょう。

石けん水のまく
試験管
空気

ア まくがふくらむ。

イ まくがへこむ。

ウ 変わらない。

空気をあたためるとどうなるんだっけ？

空気をあたためると，体積が大きくなるんだ。

2 水を口のところまでいっぱいに入れた試験管を湯につけてあたためたときのようすとして**正しいもの**を，次のア～ウから１つ選びましょう。

ア 水面がふくらむ。

イ 水面がへこむ。

ウ 変わらない。

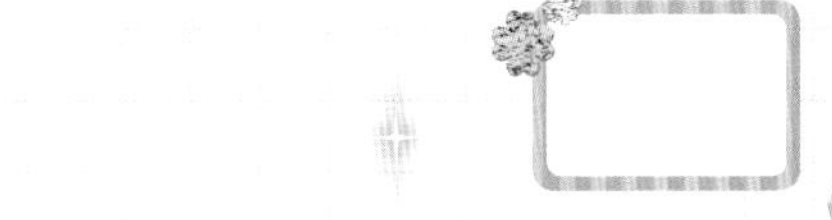

3 あたためたり冷やしたりしたときの空気や水の体積の変化として**正しいもの**を，次のア～ウから１つ選びましょう。

ア 空気より水のほうが体積の変化が大きい。

イ 水より空気のほうが体積の変化が大きい。

ウ 空気と水の体積の変化の大きさは同じ。

ものの体積と温度②

温度の変化と金ぞくの体積の関係をおさえよう。

① 金ぞくの体積と温度

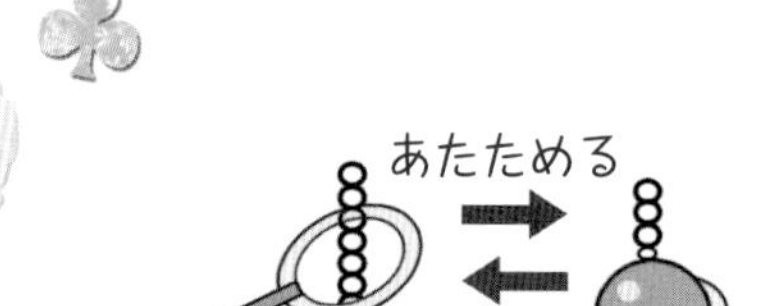

あたためる

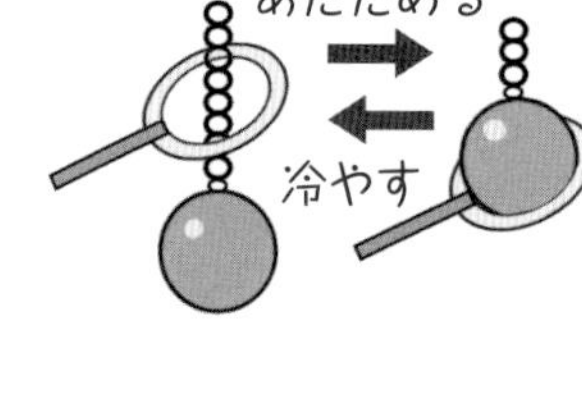

冷やす

金ぞくの玉をあたためると，輪を通りぬけられなくなっちゃった。

金ぞくも，空気や水のように，あたためると体積が大きくなって，冷やすと体積が小さくなるんだ。

金ぞくの体積の変わり方は，空気や水にくらべてとても小さいのよ！

② アルコールランプの使い方

しんの長さは
5mmくらい
にする。
アルコールは
8分目まで
入れる。

しんが短く
なっていないか
たしかめる。

アルコールランプは安定した場所に置くこと。アルコールランプの火をうつしたり，火をつけたままアルコールをつぎたしたりしてはいけないんだ。

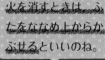

火は横から近づけるのよ！

火を消すときは，ふたをななめ上からかぶせるといいのね。

練習問題の答え 1ア 2ア 3イ

Let's TRY 練習問題

1 輪を通りぬけられる金ぞくの玉をあたためると，輪を通りぬけられなくなりました。この理由として**正しいもの**を，次のア～エから1つ選(えら)びましょう。

ア 金ぞくの玉の重さが重くなったから。

イ 金ぞくの玉の重さが軽くなったから。

ウ 金ぞくの玉の体積が大きくなったから。

エ 金ぞくの玉の体積が小さくなったから。

金ぞくをあたためると体積が大きくなるわ！このとき重さは変わらないのよ。

2 アルコールランプの使い方として**正しいもの**を，次のア～ウから1つ選びましょう。

ア アルコールの量(りょう)は半分より少ないくらいがよい。

イ 火をつけるときはななめ上から火を近づける。

ウ 火を消すときはななめ上からふたをかぶせる。

これだけはおさえて！

金ぞくも空気や水のように，あたためると体積が大きくなり，冷やすと体積が小さくなる。変化のしかたは空気が最(もっと)も大きく，金ぞくが最も小さいんだ。

アルコールランプを使うときはやけどに気をつけろよ。

もののあたたまり方

金ぞく，水，空気のあたたまり方をくらべてみよう。

① 金ぞくのあたたまり方

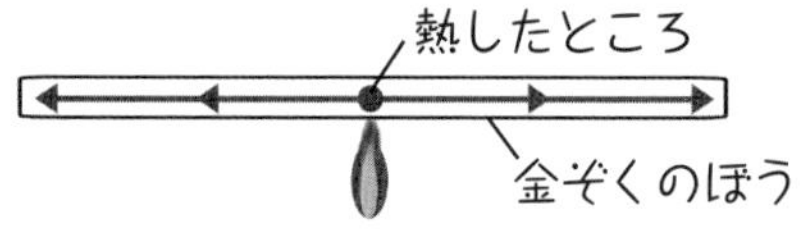
熱したところ
金ぞくのぼう

金ぞくでは，熱したところから順に熱が伝わっていくのね！

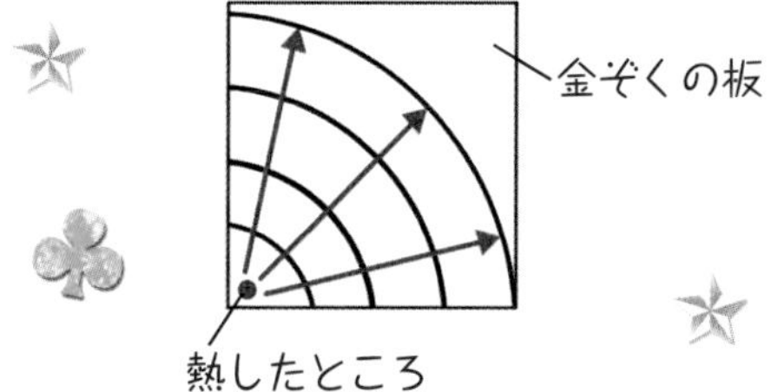
金ぞくの板
熱したところ

そうだな，セーラの言う通り！金ぞくのように，熱したところから順に熱が伝わって，全体があたたまることを伝どうというんだ。

② 水や空気のあたたまり方

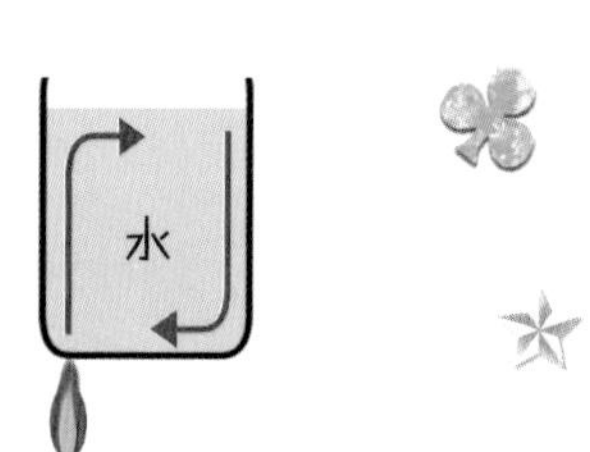
水

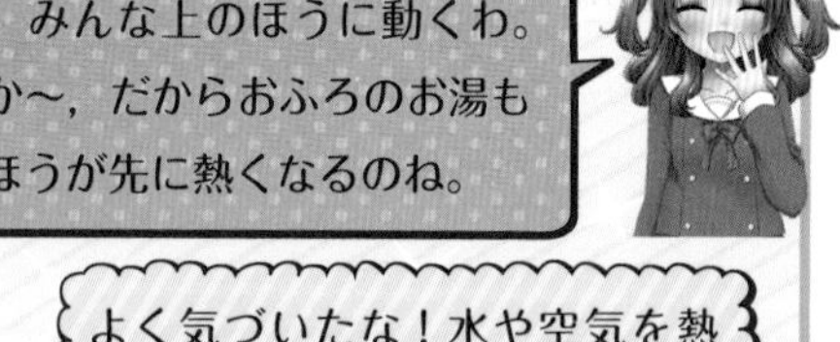

あたたまった水やあたたまった空気は，みんな上のほうに動くわ。そっか～，だからおふろのお湯も上のほうが先に熱くなるのね。

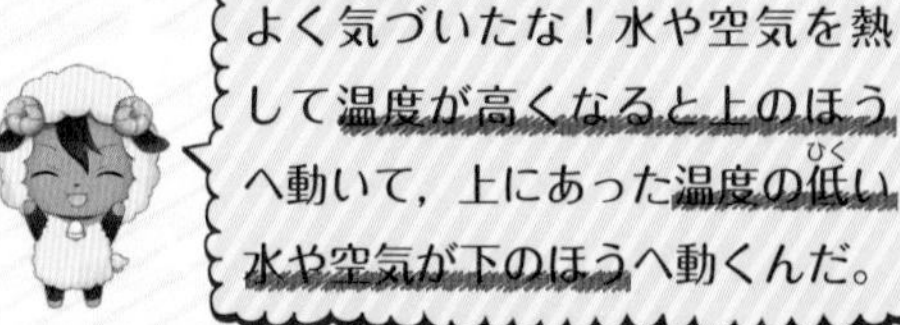

よく気づいたな！水や空気を熱して温度が高くなると上のほうへ動いて，上にあった温度の低い水や空気が下のほうへ動くんだ。

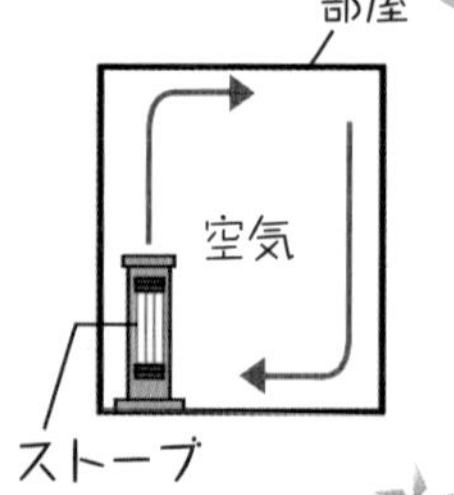
部屋
空気
ストーブ

こうして全体があたたまっていくのよね。このようなあたたまり方を対流というのよ！

練習問題の答え　1ウ　2ウ

練習問題

1 右の図のような金ぞくの板の×のところを熱したとき，最も早くあたたまるところを，ア～ウから1つ選びましょう。

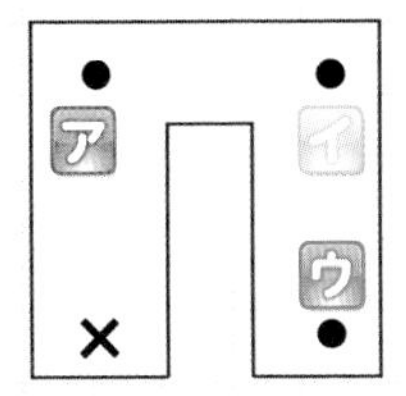

ア
イ
ウ
×

金ぞくはどのようにあたたまるんだっけ？
熱したところから順にあたたまっていくのよ！板が切れているところには，熱は伝わらないわ。

2 右の図のように，金ぞくのぼうの一方のはしを熱したとき，最も早くあたたまるところを，ア～ウから1つ選びましょう。

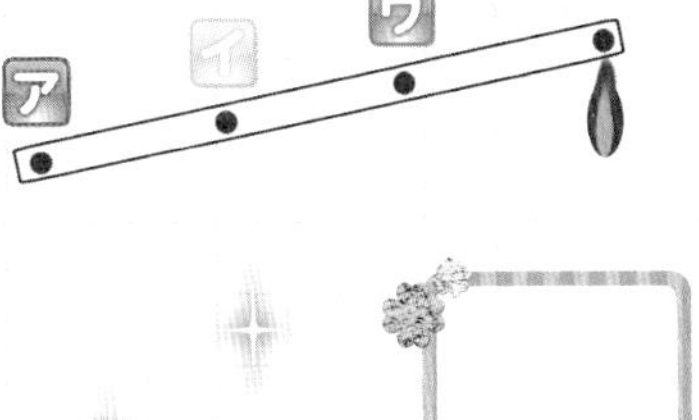

ア
イ
ウ

3 水を熱したときのあたたまり方として正しいものを，次のア～ウから1つ選びましょう。

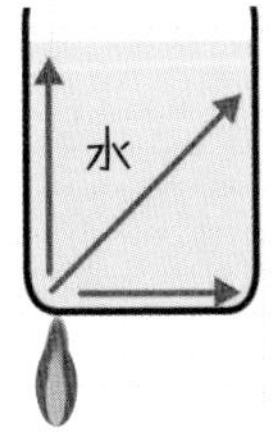

ア
水

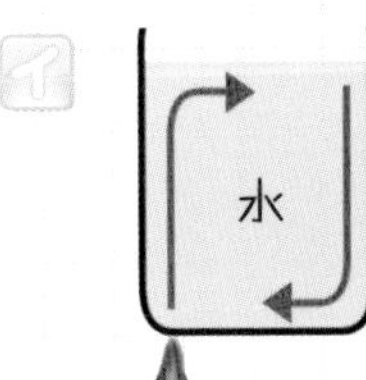

イ
水

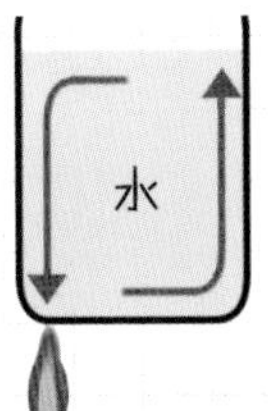

ウ
水

冬の星

冬の夜空に見られる星や，せいざの動きをおさえよう。

① 冬のせいざ

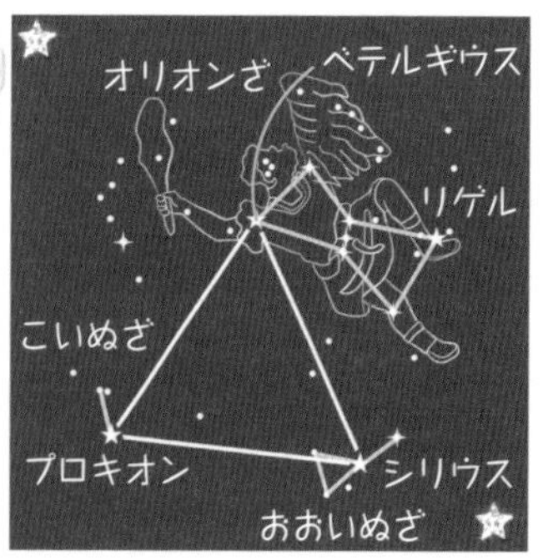

オリオンざ
ベテルギウス
リゲル
こいぬざ
プロキオン
シリウス
おおいぬざ

冬の夜空は明るい星が多いの！**オリオンざのベテルギウス！こいぬざのプロキオン！おおいぬざのシリウス！**この３つの１等星を結んでできる三角形が，**冬の大三角**よ！

セーラ，星にくわしすぎるよ…。**オリオンざ**は中央の３つの星が特ちょう的だ。**おおいぬざのシリウス**はせいざを形づくる星の中で，一番明るい星なんだ。

② オリオンざの動き

東
南

せいざは，太陽や月と同じように**東**から出て，**南**の高い空を通り，**西**にしずむのね。

たいせつ 時間がたつとせいざの位置は変わるけれど，星のならび方は変わらないんだ。

練習問題の答え　1ア　2ウ　3イ

Let's TRY 練習問題

1 右の図のせいざを何といいますか。

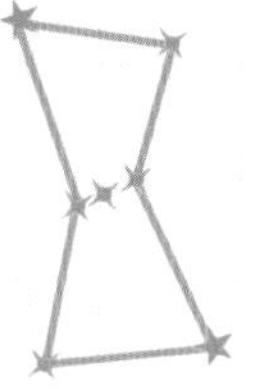

中央に星が3つならんでるな～。見たことあるんだけど･･･。

冬の代表的なせいざで，2つの1等星をもつのよ！

2 せいざの位置とせいざをつくる星のならび方は，時間がたつとどうなりますか。**正しいもの**を，次のア～エから1つ選（えら）びましょう。

ア せいざの位置も星のならび方もどちらも変わる。

イ せいざの位置も星のならび方もどちらも変わらない。

ウ せいざの位置は変わるが，星のならび方は変わらない。

エ せいざの位置は変わらないが，星のならび方は変わる。

これだけはおさえて！

せいざは，東から出て南の空を通り，西へしずむ。時間とともに位置を変えるんだ。このとき，せいざをつくる星のならび方は変わらないんだ。

星を見ているとワクワクするのはオレだけじゃないよな。

冬の生き物

冬になって寒さが続くときの，生き物のようすを調べよう。

① ヘチマのようす

ヘチマは，葉もくきも根もかれてしまったのね。せっかく育ったのに…。

ヘチマは，たねで冬ごしをするわ。春になるとたねから芽を出して，また育っていくのよ！

② 植物の冬ごし

サクラは葉を落としてしまうけど，かれてはいない。えだには芽をつけていて，冬がすぎ，あたたかくなると，ふたたび成長を始めるんだ。オレも春がくるのを待ってる…。

③ 動物の冬ごし

ナナホシテントウ
オオカマキリ
カブトムシ
ヒキガエル

オオカマキリはたまご，**カブトムシ**はよう虫，**ナナホシテントウ**は**成虫**のすがたで冬ごしするのね！

寒くなると動物は動きがにぶくなり冬ごしのじゅんびを始める。あたたかくなると活発に活動するようになるんだ。

練習問題の答え　1オリオンざ　2ウ

Let's TRY 練習問題

1 ヘチマの冬ごしのようすとして**正しいもの**を，次の**ア**～**ウ**から**1つ**選びましょう。

ア 根とくきが残っていて，春にはくきから新しい芽が出る。

イ 根が残っていて，根から新しい葉が出る。

ウ たねだけが残り，たねから芽が出る。

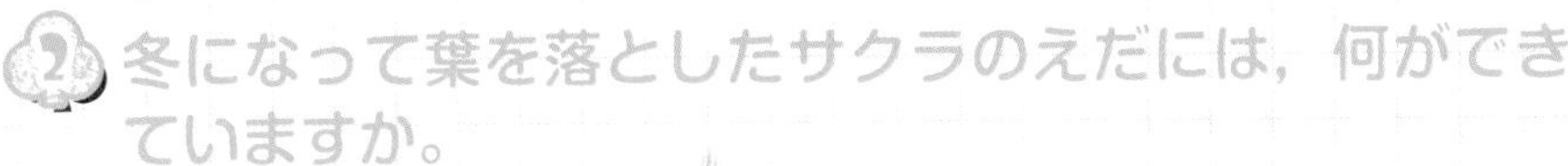

2 冬になって葉を落としたサクラのえだには，何ができていますか。

サクラは葉を落としてかれちゃったのかな？

大じょう夫！
春になると，また花をさかせて葉を出すのよ！

3 ナナホシテントウの冬ごしの仕方として**正しいもの**を，次の**ア**～**エ**から**1つ**選びましょう。

ア 土の中で，たまごのすがたですごす。

イ 土の中で，よう虫のすがたですごす。

ウ 落ち葉の下で，さなぎのすがたですごす。

エ 落ち葉の下で，成虫のすがたですごす。

17 水のすがたと温度

水を熱したときや冷やしたときのようすをおさえよう。

① 水を熱したときのようす

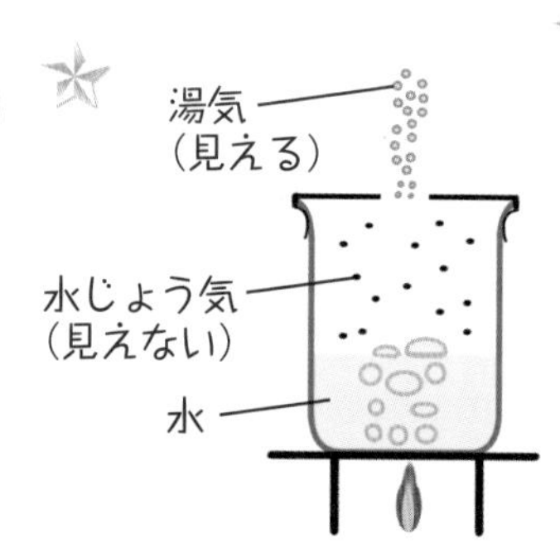
湯気
（見える）
水じょう気
（見えない）
水

熱した水からすっごいあわが出ているよ！

ふっとうというんだ。ふっとうしているときの水の温度は**100℃**で，ふっとうしている間は温度が変わらない。

たいせつ

水があたためられて目に見えないすがたに変わったものを**水じょう気**，水じょう気が冷やされて小さな水のつぶになったものを**湯気**というのよ！

② 水を冷やしたときのようす

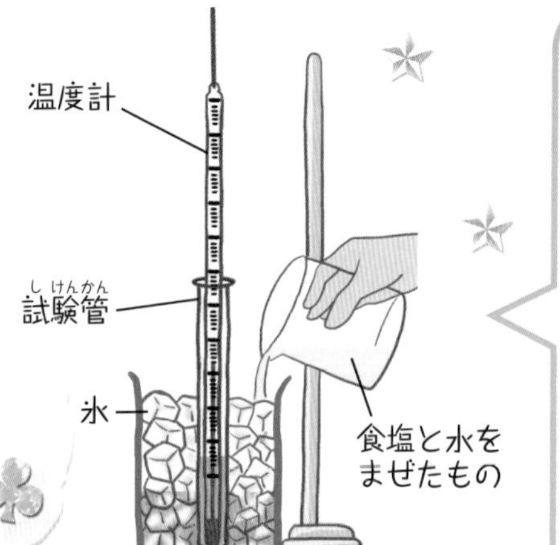
温度計
試験管
氷
食塩と水を
まぜたもの

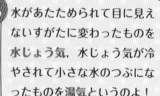

温度が**0℃**になると，水がこおり始めたね。

水がすべてこおるまで，温度は0℃のままで，全部こおると温度は0℃よりも低くなっていくわ。水が全部こおって氷になると，水のときより体積が大きくなるのよ！

練習問題の答え　1ウ　2芽　3エ

Let's TRY 練習問題

1 水が熱せられて，わき立つことを何といいますか。

2 水がわき立っているとき，㋐の白く見えるものと，㋑の目に見えないものを何といいますか。㋐，㋑のそれぞれについて**正しいもの**を，次の**ア**～**エ**から**1つずつ**選びましょう。

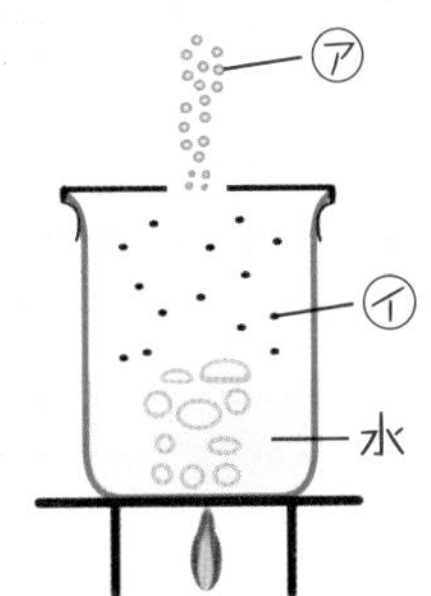

㋐
㋑
水

ア 水じょう気　　**イ** あわ

ウ 湯気　　**エ** けむり

 ㋐　　 ㋑

3 水が氷になったときの体積の変化として**正しいもの**を，次の**ア**～**ウ**から**1つ**選びましょう。

ア 大きくなる。

イ 小さくなる。

ウ 変わらない。

水がこおると，よう器の中の水はどうなるっけ？

水がこおると，表面が少しもり上がって見えるよ！

18 水のゆくえ

自然の中で，水がどのようなすがたをしているのかおさえよう。

① 水のすがたの変化

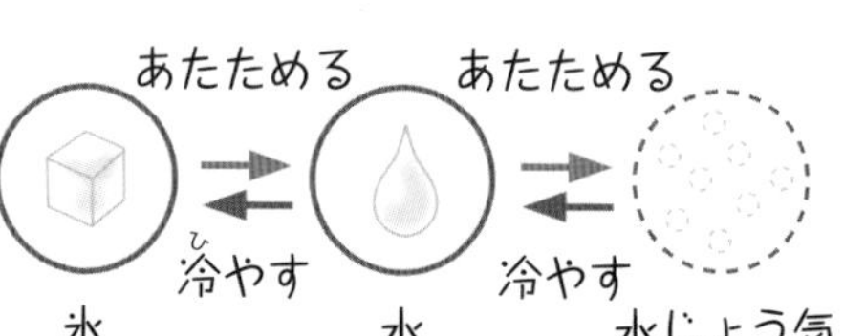

あたためる
あたためる
冷やす
冷やす
氷
（固体）
水
（えき体）
水じょう気
（気体）

たいせつ
氷のように形が変わりにくいすがたを**固体**，水のように形を変えることができるすがたを**えき体**，水じょう気のように目に見えず，形を変えることができるすがたを**気体**というんだ。

② 自然の中の水

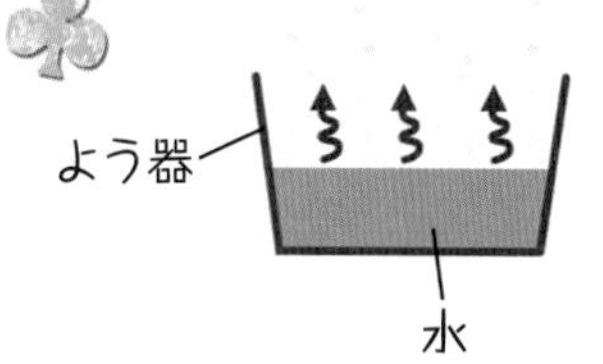

水じょう気
よう器
水

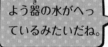

よう器の水がへっているみたいだね。

水面から水が水じょう気に変わって出ていくんだな。水が水じょう気にすがたを変えることを**じょう発**というんだ。

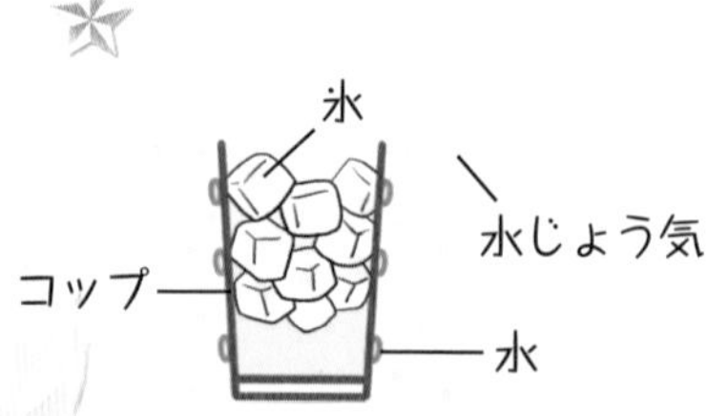

氷
水じょう気
コップ
水

冷えたコップの表面に水てきがつくのよ！

空気中の水じょう気が冷えて水にもどるんだ。これを**けつろ**というんだ。

練習問題の答え　1ふっとう　2㋐ウ　㋑ア　3ア

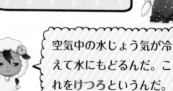

Let's TRY 練習問題

1 水をコップに入れておくと，水の量（りょう）がへりました。このときの水のすがたの変化として正しいものを，次のア～ウから1つ選（えら）びましょう。

ア 固体→気体　イ えき体→固体　ウ えき体→気体

2 コップの水のへり方が大きいものを，次のア，イから1つ選びましょう。

置く場所によって，水のへり方は変わるのかな？

ア 日なたに置（お）く。

イ 日かげに置く。

日なたのほうの水は太陽の光であたためられるので，水じょう気になりやすいわ！

3 冷やしたコップを置いておくと，表面に水てきがつきました。このときの水のすがたの変化として正しいものを，次のア～ウから1つ選びましょう。

ア 気体→えき体　イ 気体→固体　ウ えき体→気体

これだけはおさえて！

水は，自然の中ですがたを変えながらじゅんかんしているよ！

水は，固体⇄えき体⇄気体とすがたを変えるんだ。

\おさえておこう!/
ポイントまとめ

ポイントは，きちんと覚えろよ！

ポイント1 2このかん電池のつなぎ方と電流の大きさ

5 でやったよ！

かん電池の直列つなぎ

かん電池のへい列つなぎ

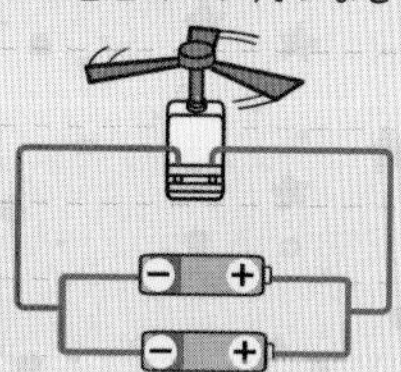

- かん電池1このときより，電流の大きさが大きくなり，モーターが速く回る。
- かん電池1このときと，電流の大きさは変わらず，モーターの回る速さも変わらない。

ポイント2 とじこめた空気と水

6 でやったよ！

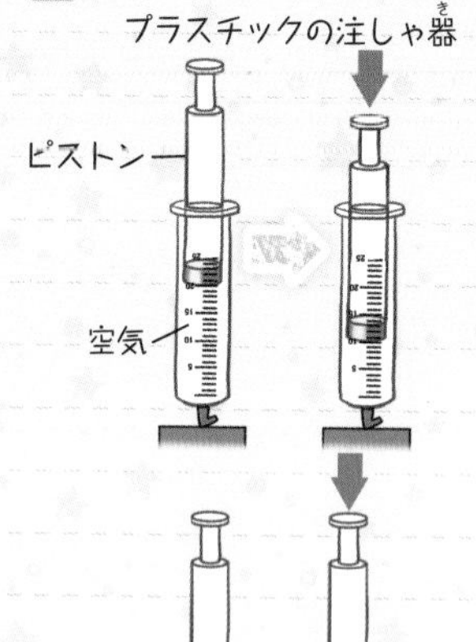
プラスチックの注しゃ器
ピストン
空気
水

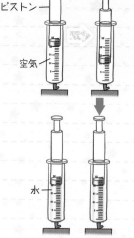

空気

- とじこめた空気をおすと，体積が小さくなる。
- とじこめた空気は，体積が小さくなるほど，手ごたえが大きくなる。

水

- とじこめた水をおしても，体積は変わらない。

とじこめておすと，空気は体積が小さくなるけど，水は体積が変わらないのね。

練習問題の答え 1ウ 2ア 3ア

ポイント3 夏の星

8 でやったよ！

夏の大三角

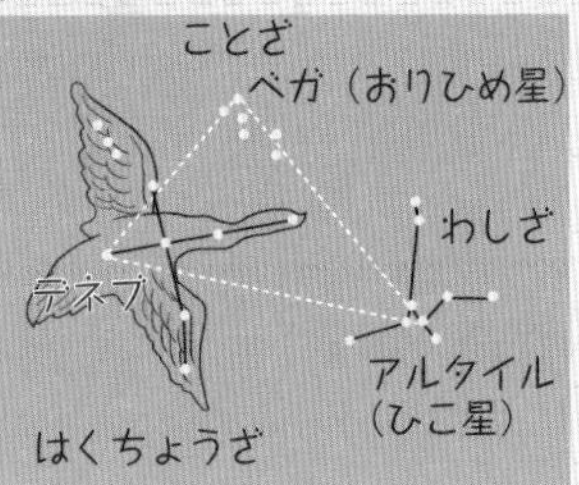
ことざ
ベガ（おりひめ星）
わしざ
デネブ
アルタイル
（ひこ星）
はくちょうざ

さそりざ

さそりざ
アンタレス

星の明るさや色
には，ちがいが
あるのよ！

ポイント4 冬の星

15 でやったよ！

東
南

- せいざは，東から出て，南の高い空を通り，西にしずむ。
- 時間がたつと，せいざの位置は変わるが，星のならび方は変わらない。

ポイント5 水のゆくえ

18 でやったよ！

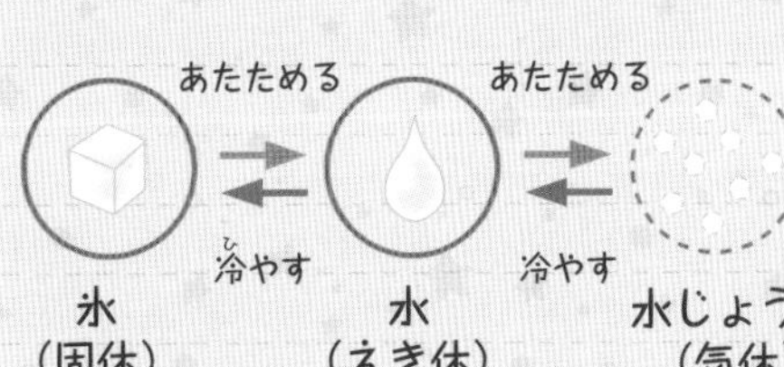
あたためる
あたためる
冷やす
冷やす
氷
（固体）
水
（えき体）
水じょう気
（気体）

水は，固体⇄えき体⇄気体とすがたを変える。

水が水じょう気にすがたを変えることをじょう発というんだ。

チェックテスト【理科】

⇒答えと解説は P.193

1 モーターと2このかん電池を，図1，図2のようにそれぞれつなぎました。次の問題に答えましょう。

ふく習P80

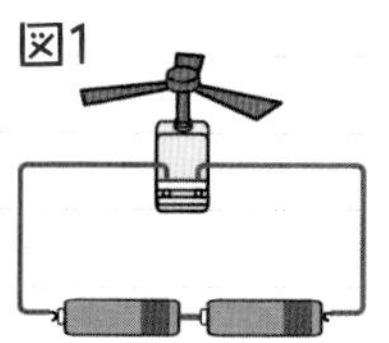
図1

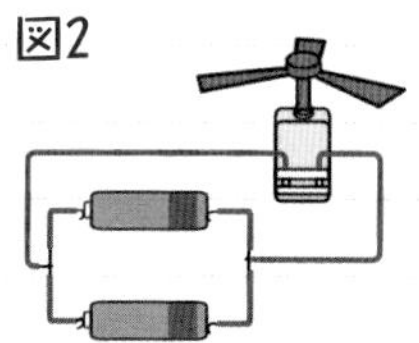
図2

□ (1) 図1，図2のかん電池のつなぎ方をそれぞれ何といいますか。

図1 ［　　　　］ 図2 ［　　　　］

□ (2) モーターが速く回るのは，図1，図2のどちらのつなぎ方ですか。

［　　　　］

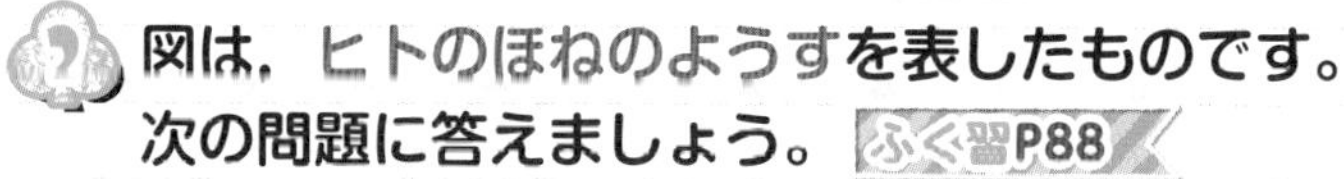
電流の大きさが大きくなると，
モーターが速く回るのよ！

2 図は，ヒトのほねのようすを表したものです。次の問題に答えましょう。

ふく習P88

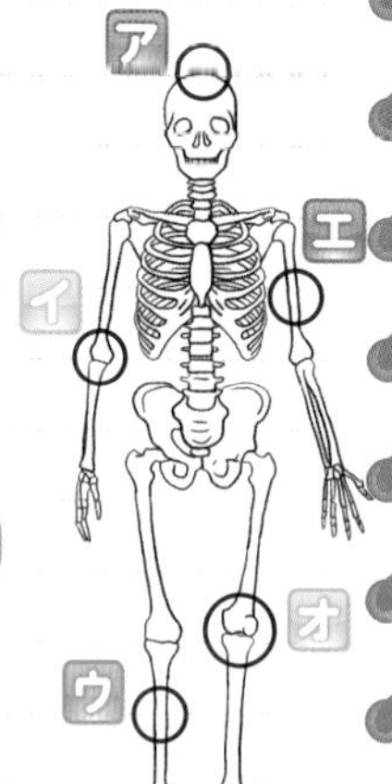
ア
イ
ウ
エ
オ

□ (1) 関節(かんせつ)がある部分はどこですか。図のア～オからすべて選(えら)びましょう。

［　　　　］

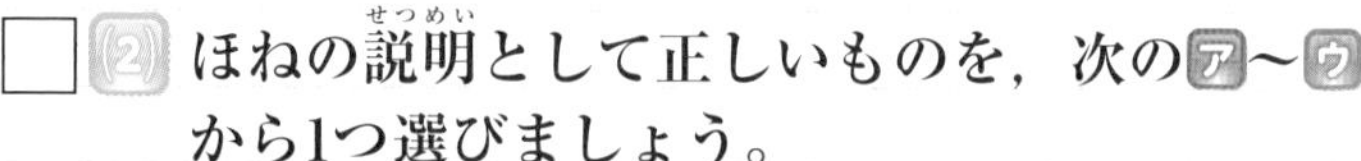

□ (2) ほねの説明(せつめい)として正しいものを，次のア～ウから1つ選びましょう。

ア ちぢんだりゆるんだりする。

イ イヌのからだにはほねがない。

ウ からだをささえるはたらきがある。

［　　　　］

3 水や空気，金ぞくの体積と温度の説明として正しいものを，次のア～エから1つ選びましょう。 ふく習P94～96

ア 水をあたためると，体積は小さくなる。

イ 空気をあたためると，体積は大きくなる。

ウ 空気を冷やしても，体積は変わらない。

エ 金属をあたためても，体積は変わらない。

4 水を熱すると，図のように水がふっとうしました。次の問題に答えましょう。 ふく習P104～106

湯気

水じょう気

水

(1) 水は何度でふっとうしますか。

(2) 図で，湯気，水じょう気はそれぞれ，気体・えき体・固体のどのすがたですか。

湯気

水じょう気

湯気と水じょう気って，どうちがうんだっけ？

湯気は水じょう気が冷やされて，目に見える水のつぶになったものだ。

5 次のようすの生き物が見られる季節を答えましょう。

ふく習P72,102

(1) ヘチマのたねから芽が出る。

(2) トノサマガエルが土の中でじっと動かない。

プチ体けい

おりひめ星とひこ星のラブストーリー♡

夏の夜空に見えることざのベガとわしざのアルタイルの2つの星には，せつない恋の話が伝わっているんだ･･･。

ことざのベガはおりひめ星，わしざのアルタイルはひこ星ともよばれています。

むかし，はたおりが上手なおりひめと牛かいのひこ星がいました。2人とも仕事熱心でしたが，けっこんしてからは仕事をせずに遊んでばかりいました。おこった神様は，2人を天の川をはさんではなればなれにしてしまったのです。

ひこ星に会えず泣いてばかりのおりひめを，神様はかわいそうに思い，一年に一度，七夕の日に会うことをゆるしたのです。

一年に一度だけでも，また好きな人に会えるようになって良かったね～。

そうね。何事もほどほどにしとかないとダメなのね。

4
時間目
社会
Social Studies
小4は
日本地図が
出てくるよ！

1 日本の都道府県

日本の都道府県と地方についておさえよう。

日本の都道府県と地方区分

北海道地方
北海道

東北地方
青森県
秋田県
岩手県
山形県
宮城県
福島県

関東地方
栃木県
群馬県
茨城県
埼玉県
千葉県
東京都
神奈川県

中部地方
新潟県
富山県
石川県
福井県
長野県
岐阜県
山梨県
静岡県
愛知県

近畿地方
京都府
滋賀県
兵庫県
大阪府
三重県
奈良県
和歌山県

中国地方
鳥取県
島根県
岡山県
広島県
山口県

四国地方
徳島県
香川県
愛媛県
高知県

九州地方
福岡県
佐賀県
長崎県
大分県
熊本県
宮崎県
鹿児島県
沖縄県

おぼえて！ 全部で47都道府県あるね！

日本は8つの地方に分けることができるぞ！

わたしの住んでいる県はどこかしら…。

県名に動物や数字が入っている県もあるのね！

練習問題の答えは次のページにあります。

1 次の空らんにあてはまる地方名を書きましょう。

何地方だったかな？
がんばって！

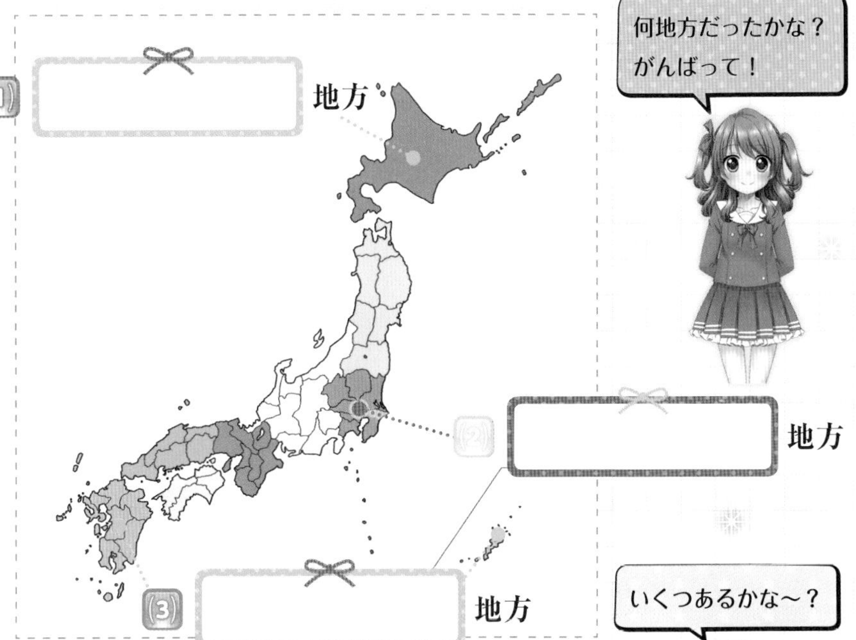

(1)
地方
(2)
地方
(3)
地方

いくつあるかな～？

2 次の問題に答えましょう。

日本には，都道府県がいくつありますか。

これだけはおさえて！

日本全国には，1都，1道，
2府，43県あるよ！

ぜんぶ覚えていこうな！
少しずつでいいからさっ。

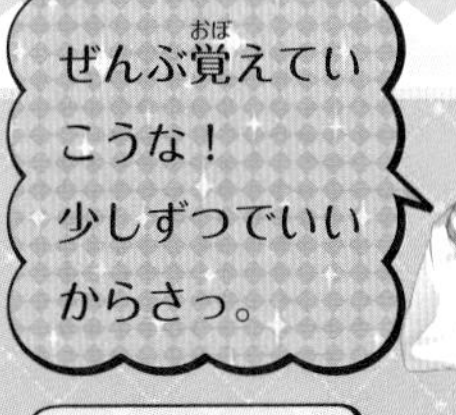

できるかな…

2 わたしたちの県―九州地方

九州地方についておさえよう。

九州地方の県や特産品

どんな県があるかな？
佐賀県はのりの養しょくがさかんだぞ！
大分県は温せん地も多いね！
のり
明太子
佐賀県
福岡県
福岡市
長崎県
大分県
佐賀市
大分市
しいたけ
長崎市
熊本市
熊本県
カステラ
宮崎県
きゅうり
宮崎市
トマト
鹿児島市
沖縄県
鹿児島県
さつまいも
那覇市
パイナップル
さつまいもの「さつま」は鹿児島県の昔の国の名前なんだよ。
おぼえて！
沖縄県は，日本で一番西にあるんだね。

練習問題の答え 1(1)北海道 (2)関東 (3)九州 2 47

Let's TRY
練習問題

1 次の空らんにあてはまる県名を書きましょう。

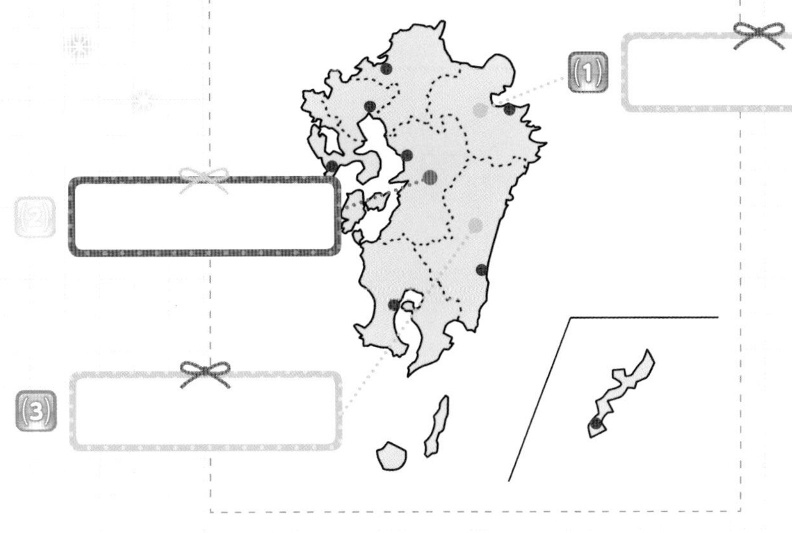
(1)
(2)
(3)

2 次の県でさいばいがさかんな農産物を，右の[ ]から選んで書きましょう。

(1) 鹿児島県…

(2) 沖縄県……

トマト
さつまいも
きゅうり
パイナップル

沖縄県の文化は，独特なものが多いね！
沖縄県には，昔，琉球王国があったんだよ。

3 わたしたちの県ー中国・四国地方

中国・四国地方についておさえよう。

中国・四国地方の県や特産品

鳥取県は，日本で一番人口が少ないわ。

たいせつ 中国地方の日本海側は山陰，瀬戸内海側は山陽ともよばれるんだ！

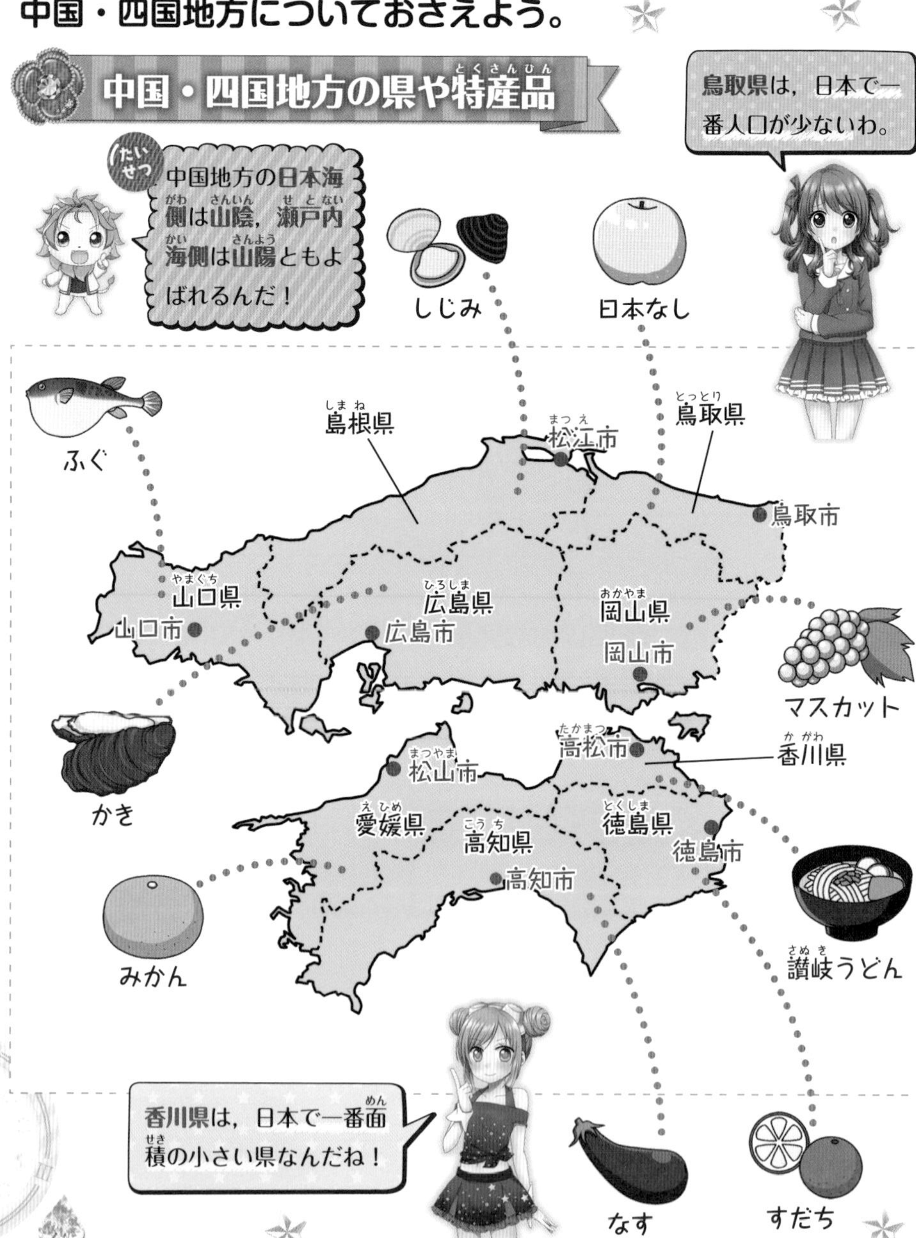

しじみ
日本なし
ふぐ
島根県
松江市
鳥取県
鳥取市
山口県
山口市
広島県
広島市
岡山県
岡山市
マスカット
かき
高松市
香川県
松山市
愛媛県
高知県
徳島県
徳島市
高知市
みかん
讃岐うどん
なす
すだち

香川県は，日本で一番面積の小さい県なんだね！

練習問題の答え 1 (1)大分県 (2)熊本県 (3)宮崎県 2 (1)さつまいも (2)パイナップル

Let's TRY 練習問題

1 次の空らんにあてはまる**県名**を書きましょう。

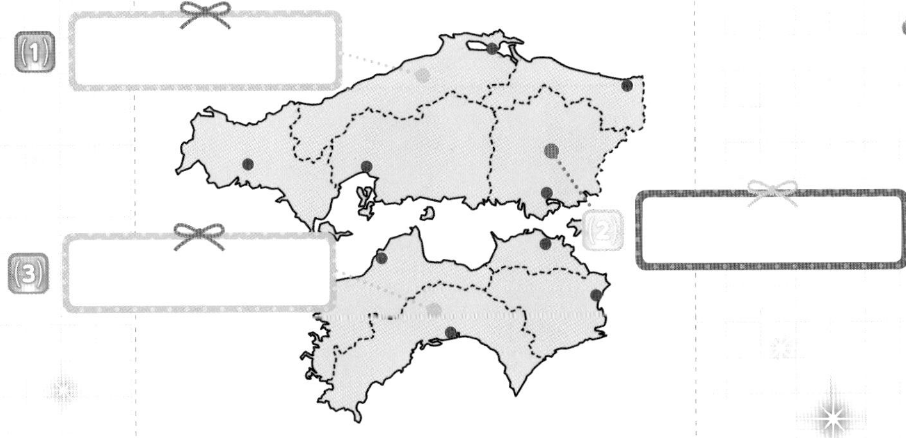

(1)
(2)
(3)

2 次の文の空らんにあてはまる**県名**を書きましょう。

(1)  は，日本で一番人口が少ない。

(2)  は，讃岐うどんが有名である。

讃岐うどんの讃岐は，香川県の昔の名前だ！
徳島県で有名な阿波おどりも，徳島県の昔の名前から名づけられたんだー。

4 わたしたちの県―近畿地方

近畿地方についておさえよう。

近畿地方の府県や特産品

たいせつ

大阪府は，西日本の中心だ！

西陣織

信楽焼

京都市は，昔，平安京がおかれていて，約1000年もの間，日本の都だったよ。

京都府

兵庫県

滋賀県

京都市

大津市

神戸市

大阪市

津市

大阪府

奈良市

三重県

奈良県

和歌山市

和歌山県

たまねぎ

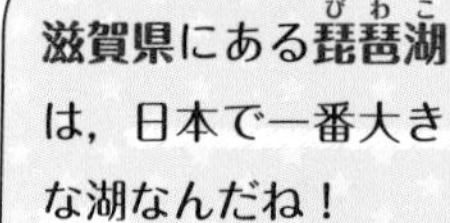

滋賀県にある琵琶湖は，日本で一番大きな湖なんだね！

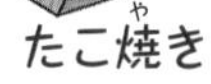

たこ焼き

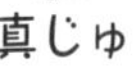

真じゅ

うめ

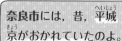

東大寺の大仏

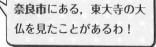

奈良市にある，東大寺の大仏を見たことがあるわ！

奈良市には，昔，平城京がおかれていたのよ。

練習問題の答え　1 (1)島根県　(2)岡山県　(3)高知県　2 (1)鳥取県　(2)香川県

Let's TRY
練習問題

1 次の空らんにあてはまる府県名を書きましょう。

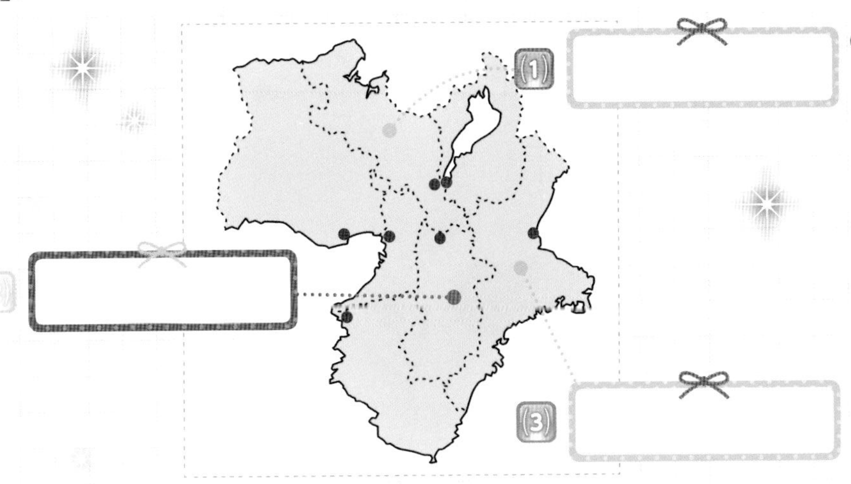
(1)
(2)
(3)

2 次の文の空らんにあてはまる府県名を書きましょう。

(1)  には，日本で一番大きい湖がある。

(2)  は，みかんやうめなど，果物のさいばいがさかんである。

京都府には，清水寺など，たくさんの寺社があるわ。
世界中から，京都に観光客が集まるんだね。

5 わたしたちの県ー中部地方

中部地方についておさえよう。

中部地方の県や特産品

新潟県は，米の生産量が日本一だよ。
ソラ先生，合掌造りの屋根が急なのはなぜかな？
雪がたくさんふる地方では，雪で家がつぶれないようにしていたんだ。
輪島塗
石川県
チューリップ
新潟市
新潟県
富山県
米
金沢市
富山市
長野市
合掌造り
レタス
山梨県
福井市
岐阜県
長野県
福井県
甲府市
ぶどう
岐阜市
名古屋市
愛知県
静岡市
静岡県
静岡県は，茶の生産量が日本一よ！
越前がに
自動車
茶

練習問題の答え 1 (1)京都府 (2)奈良県 (3)三重県 2 (1)滋賀県 (2)和歌山県

Let's TRY
練習問題

1 次の空らんにあてはまる県名を書きましょう。

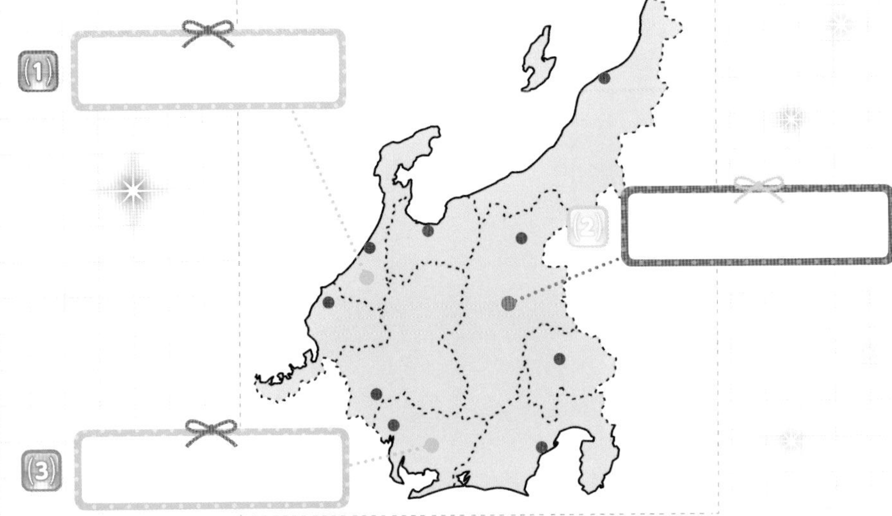
(1)
(2)
(3)

2 次の県でさいばいのさかんな農産物を，右の［　　］から選んで書きましょう。

(1) 新潟県・・・［　　　　］

(2) 山梨県・・・［　　　　］

レタス
茶
ぶどう
米

カグヤ，日本一高い山ってどこにあるの？

富士山のことね！静岡県と山梨県のさかいにあるのよ！

6 わたしたちの県－関東地方

関東地方についておさえよう。

関東地方の都県や特産品

さいたま市は，ひらがなで書くのね。

キャベツ
いちご
栃木県
宇都宮市
群馬県
前橋市
茨城県
水戸市
ねぎ
はくさい
埼玉県
さいたま市
千葉県
東京
千葉市
東京都
横浜市
国会議事堂
神奈川県
落花生
シューマイ

おぼえて！ 東京都は日本の首都だね。人口も一番多いわ！

東京都には，周辺の県から通きんする人が多いんだ。

練習問題の答え　1 (1)石川県　(2)長野県　(3)愛知県　2 (1)米　(2)ぶどう

Let's TRY 練習問題

1 次の空らんにあてはまる**都県名**を書きましょう。

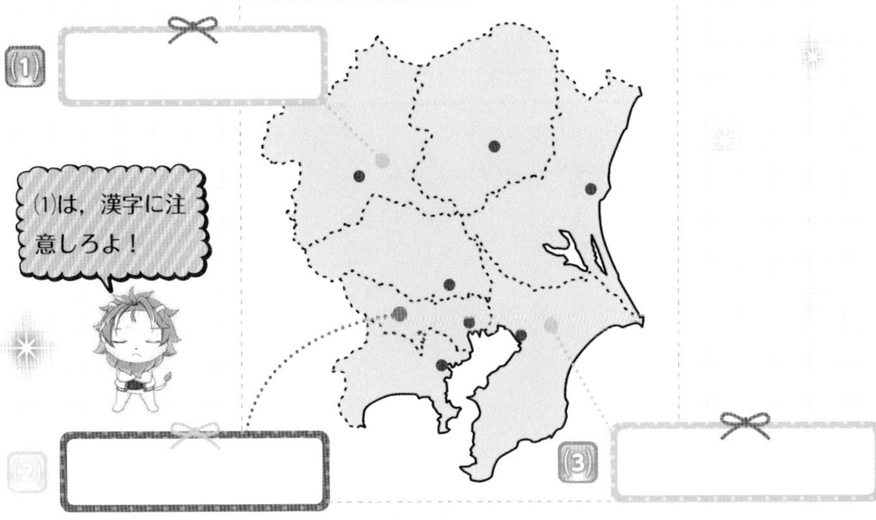

⑴
⑴は，漢字に注意しろよ！
⑵
⑶

2 次の文の空らんにあてはまる**都県名**を書きましょう。

⑴ [　　　　] は，いちごの生産量が日本一である。

⑵ [　　　　] の横浜市には，中華街がある。

これだけはおさえて！

東京都は日本の首都だよ！

東京都は，海外からの観光客も多いよな。いろいろな国から来ている人を見かけるぜ。

7 わたしたちの県ー東北・北海道地方

東北・北海道地方についておさえよう。

東北・北海道地方の道県や特産品

北海道って，大きい～！

たいせつ 北海道は，日本で一番面積が大きいのよ。

北海道
札幌市
さけ
牛乳
じゃがいも
りんご
米
青森県
青森市
南部鉄器
秋田県
秋田市
岩手県
盛岡市
さくらんぼ
山形市
仙台市
わかめ
山形県
宮城県
福島市
福島県
もも

東北地方は米の生産がさかんだぞ！

青森県はりんご，山形県はさくらんぼの生産量が日本一なんだね。さくらんぼ大好き！

練習問題の答え　1 (1)群馬県　(2)東京都　(3)千葉県　2 (1)栃木県　(2)神奈川県

Let's TRY 練習問題

1 次の空らんにあてはまる**道県名**を書きましょう。

(1) ［　　　　］

(2) ［　　　　］

(3) ［　　　　］

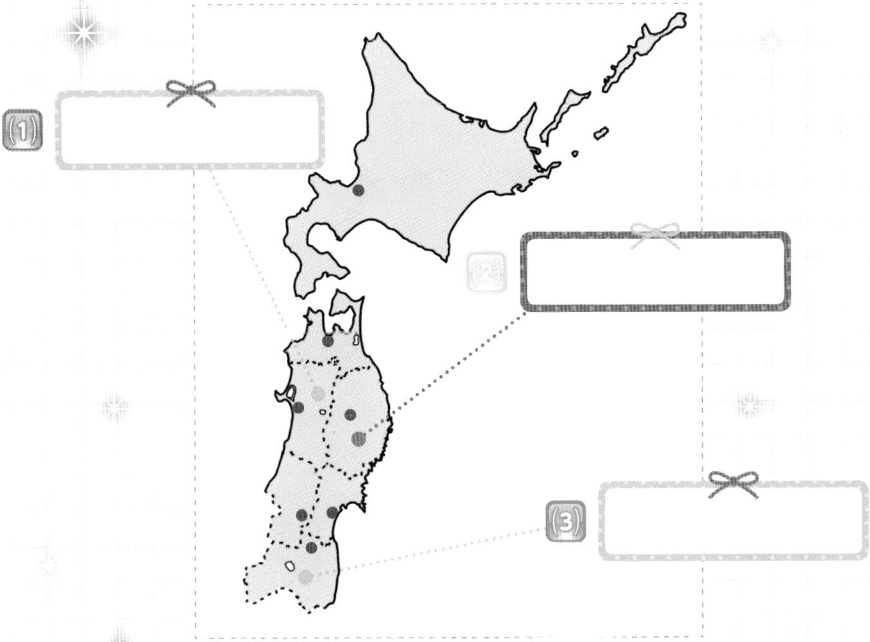

2 次の文の空らんにあてはまる**道県名**を書きましょう。

(1) ［　　　　］は，りんごの生産量が日本一である。

(2) ［　　　　］の仙台市は，東北地方の中心である。

カグヤ，東北地方は，伝統的工芸品（でんとうてきこうげいひん）が多いのね！

うん！冬は雪がたくさんふって，農業ができない代わりに，工芸品をつくっていたのよ。

地震からくらしを守る

地震に対する訓練や，地いきなどの取り組みをおさえよう。

1 地震にそなえよう

ひなん訓練をする

防災計画を立てる

食料を保管する

地震が起きたらどうしたらいいの〜！

日ごろから，地震にそなえることが大切よ！

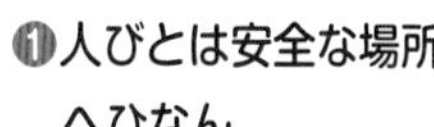

2 地震が起きたら…

❶人びとは安全な場所へひなん

避難所

❷消防隊や自衛隊は救助活動

❸地いきの人びとが助け合う

たいせつ

消防隊や自衛隊，地いきの人びとが協力して，助け合うんだね！

あわてず，落ち着いて行動しような！

練習問題の答え ①(1)秋田県 (2)岩手県 (3)福島県 ②(1)青森県 (2)宮城県

Let's TRY 練習問題

1 次の文にあてはまる言葉を，空らんから選んで○をつけましょう。

(1) 地震が起きたときは，消防隊と自衛隊，地いきの人が

協力 ・ 対立 をします。

(2) 地震にそなえて，かんづめや水を

保管 ・ 消費 しています。

大きな地震が起きると，水や食料が手に入りにくくなるのよ…。

2 次の文の空らんにあてはまる言葉を書きましょう。

(1) 学校では，地震にそなえて，

［　　　］訓練を行います。

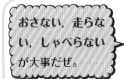

(2) 地震にそなえて，

［　　　］計画を立てています。

おさない，走らない，しゃべらないが大事だぜ。
「お・は・し」だね！ソラ先生！

これだけはおさえて！

地震にそなえて，学校ではひなん訓練をしたり，防災計画を立てたりしているよ！

ひなん訓練は，いざというときのためにまじめにやろうな！

9 ごみの処理

ごみを処理する流れについておさえよう。

たいせつ　ごみの種類によって，処理する流れがちがうから，**分別**することが大切ね。

1 ごみを集めるくふう

● ごみの種類

❶もえるごみ　❷もえないごみ　❸しげんごみ

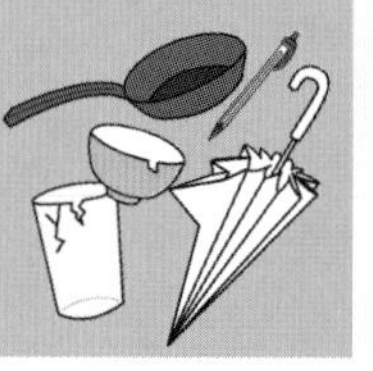

しゅう集車が，ごみ置き場を１つずつ回るのね！

清そう工場で，毎日たくさんのごみをもやしているんだ！

2 もえるごみを処理する流れ

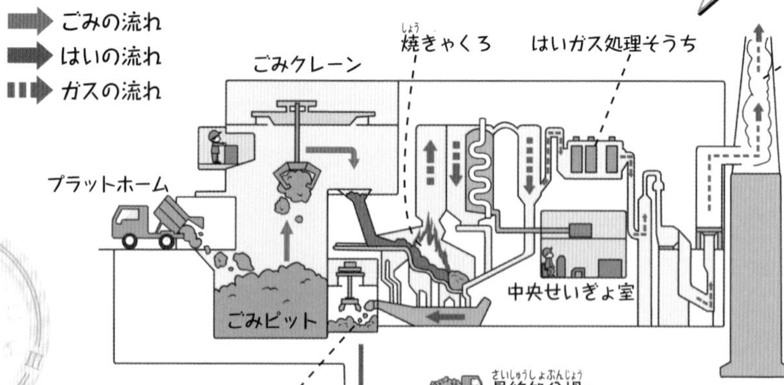
ごみの流れ
はいの流れ
ガスの流れ
ごみクレーン
焼きゃくろ
はいガス処理そうち
えんとつ
プラットホーム
中央せいぎょ室
ごみピット
最終処分場へ
はいピット

練習問題の答え　1(1)協力　(2)保管　2(1)ひなん　(2)防災

Let's TRY 練習問題

1 **もえるごみ**にあてはまるものを，次の ア ～ ウ から１つ選(えら)びましょう。

ア

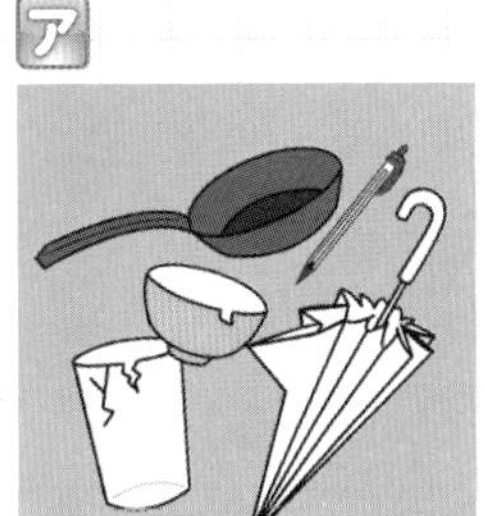

イ

ウ

2 次の ア ～ エ を，清そう工場で**ごみが処理される順(じゅん)**にならべましょう。

ア 焼きゃくろでごみをもやす。

イ もやしたあとのはいから，使えるしげんを取り出す。

ウ 集めてきたごみをごみピットに投入する。

エ クレーンで，ごみピットから焼きゃくろへごみを運ぶ。

ごみをもやしたあとに出たはいは，どうなるの？

最終処分場に運ばれて，うめられるのよ。

ごみの活用

ごみをへらすための取り組みをおさえよう。

ごみの処理(しょり)にもお金がかかるから，ごみをへらさなきゃ！

1 リサイクルのしくみ

ペットボトル　ペレット　服や再生(さいせい)ペットボトルなど

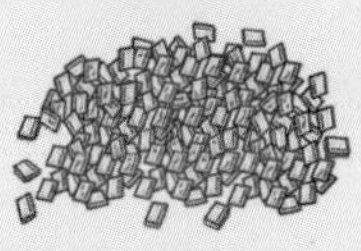

おぼえて！
しげんごみは，**リサイクル**して**再利用(さいりよう)**することが大切だぜ！

ええ～，ペットボトルが服になるなんて知らなかった！

それぞれの最初(さいしょ)の文字をとって「3R(スリーアール)」とよばれているんだ！

2 ごみをへらすための取り組み

リユース	リデュース	リサイクル

すてずにくり返し使う。	ごみをなるべく出さない。	しげんにもどして再利用する。

練習問題の答え　1イ　2ウ→エ→ア→イ

Let's TRY 練習問題

1 次の文の空（くう）らんにあてはまる言葉を書きましょう。

ごみを一度しげんにもどして，新しいせい品をつくることを［　　　　］といいます。

びんやアルミかんは，また，せい品としてつくられるんだ！

2 次の(1)・(2)にあてはまる取り組みを，あとのア～ウから１つずつ選（えら）びましょう。

(1) リユース 

(2) リデュース 

買い物のときにエコバッグを持っていくことも，リデュースの取り組みの１つよ。
わたしもエコバッグを使って，ごみをへらすわ!!

ア ごみをなるべく出さない取り組み。

イ しげんにもどして再利用する取り組み。

ウ 物をすてずにくり返し使う取り組み。

これだけはおさえて！

ごみ自体の量（りょう）をへらすことが大切だよ。

オレは出かけるときは，水とうを持っていって，ペットボトルを買わないようにしているよ！

水はどこから

ふだん使う水がどこからやってくるかをおさえよう。

おぼえて！
水をきれいにするしせつをじょう水場というのよ。

じょう水場のしくみ

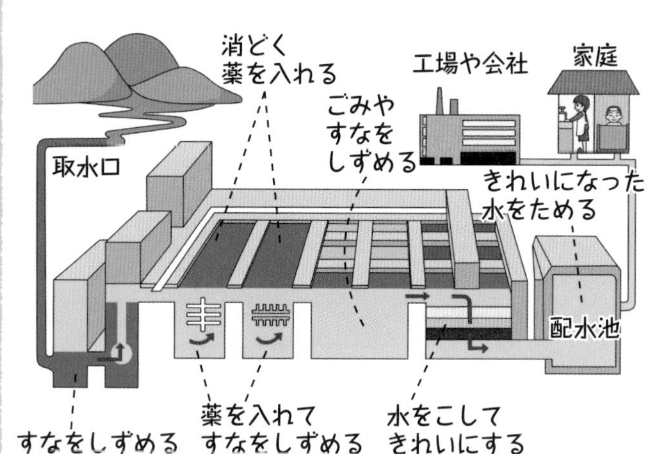

消どく薬を入れる
工場や会社
家庭
ごみやすなをしずめる
取水口
きれいになった水をためる
配水池
すなをしずめる
薬を入れてすなをしずめる
水をこしてきれいにする

川の水がきれいになって家庭や学校に送られるのね！

2 じょう水場の人の仕事

薬品を入れて水質検査をする。

水もれをしていないか調べる。

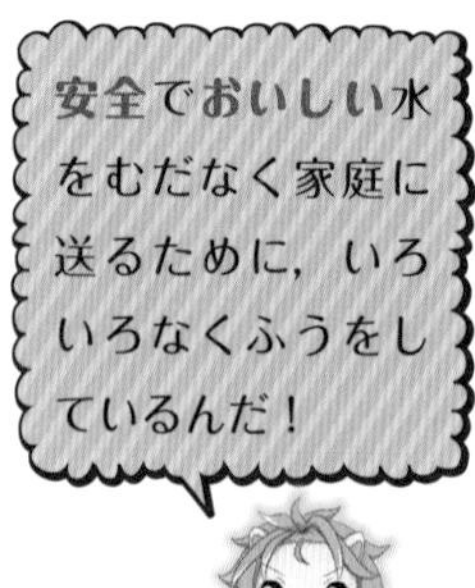

安全でおいしい水をむだなく家庭に送るために，いろいろなくふうをしているんだ！

練習問題の答え　1リサイクル　2(1)ウ　(2)ア

Let's TRY 練習問題

1 次の空らんにあてはまる言葉を書きましょう。

(1) じょう水場では［　　　　］や湖から取り入れた水をきれいにして，家庭や学校に送っています。

(2) じょう水場では，右のように薬品を入れて，［　　　　］をします。

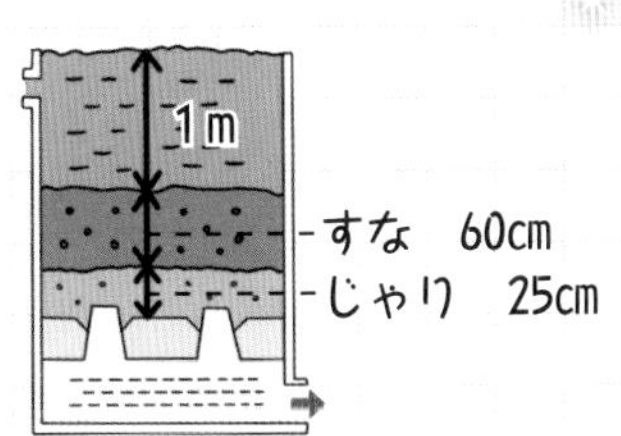
1m
すな　60cm
じゃり　25cm

カグヤ，じょう水場では，どうやってごみなどを取りのぞくの？

川の水を，すなやじゃりのそうでこしたら，ごみなどが入っていないきれいな水になるんだよ。

2 次のア～ウのじょう水場の作業を，作業が行われている順にならべましょう。

ア　水の中のすなやごみをしずめる。

イ　水をためて，家庭や学校に送り出す。

ウ　水をこしてきれいにする。

12 かぎりある水

使い終わった水のゆくえをおさえよう。

1 水のじゅんかん

使った水は，**下水処理場**できれいにして，海に流すんだ！

森林
わたしたちの家庭や学校
ダム
じょう発して雨雲に
じょう水場
取水ぜき
下水処理場
海の水が雨になって，また川に流れるんだね。

たいせつ
森林には雨水をたくわえるはたらきがあるのよ。

2 水をむだにしないために

じゃ口をしめて歯をみがく。

せんたくにおふろの残り湯を使う。

雨水をためて水やりに使う。

おぼえて！
水のむだづかいをしないことを**節水**というのよ。

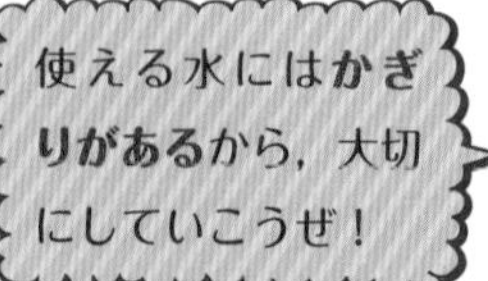
使える水には**かぎりがある**から，大切にしていこうぜ！

練習問題の答え　1(1)川　(2)水質検査　2ア→ウ→イ

Let's TRY 練習問題

1 次の文の空らんにあてはまる言葉を，あとの［　］から選んで書きましょう。

(1) 家や学校で使った水は，［　　　　］できれいにして，海に流します。

(2) ［　　　　］は，雨水をたくわえるはたらきがあります。

ダムは，川の水を調節するために人工的につくられたしせつなんだ！

森林　田んぼ　下水処理場　じょう水場

2 節水の取り組みとして正しいものを，次のア～ウから1つ選びましょう。

ア じゃ口をあけたままで，歯をみがく。
イ おふろの残り湯をすてる。
ウ 雨水をたくわえて水やりをする。

これだけはおさえて！

水はかぎりあるしげんだから，大切に使う必要があるよ！

シャワーの出しっぱなしはダメだぜ。

13 地図を読み取る

等高線やしゅくしゃくのしくみをおさえよう。

1 等高線

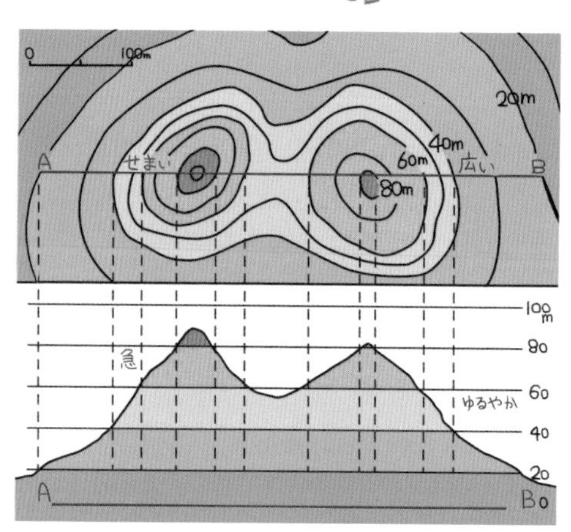

0
100m
20m
40m
60m
80m
A
せまい
広い
B
100m
80
急
60
ゆるやか
40
20
A
B
0

同じ高さの地点を結んだ線を等高線というんだ！

たいせつ
等高線の間かくがせまいところは急，広いところはゆるやかなしゃ面になるのよ。

なるほど！等高線を見れば，だいたいの山の形がわかるんだね。

2 しゅくしゃく

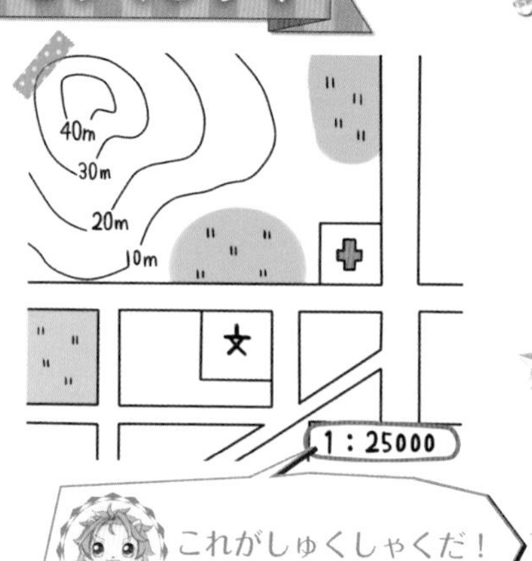

40m
30m
20m
10m
1：25000
これがしゅくしゃくだ！

ソラ先生，しゅくしゃくって何？

実際のきょりをちぢめたわり合を，しゅくしゃくというんだ！

これは，しゅくしゃくが2万5千分の1の地図ね！

練習問題の答え 1(1)下水処理場 (2)森林 2ウ

Let's TRY 練習問題

1 次の文の空らんにあてはまる言葉を書きましょう。

(1) 同じ高さの地点を結んだ線を

［　　　　］といいます。

(2) 地図に表すときの，実際のきょりをちぢめたわり合を

［　　　　］

といいます。

広いはん囲のようすがわかる地図や，せまいはん囲をくわしくかいた地図があるんだよ。

いろんな地図があるんだね！

2 次の文にあてはまる記号を，空らんから選んで○をつけましょう。

右の図のアとイをくらべると，しゃ面がより急なのは，

［ア・イ］です。

うーん，どっちかな？
セーラ，等高線の間かくをくらべてみてね！

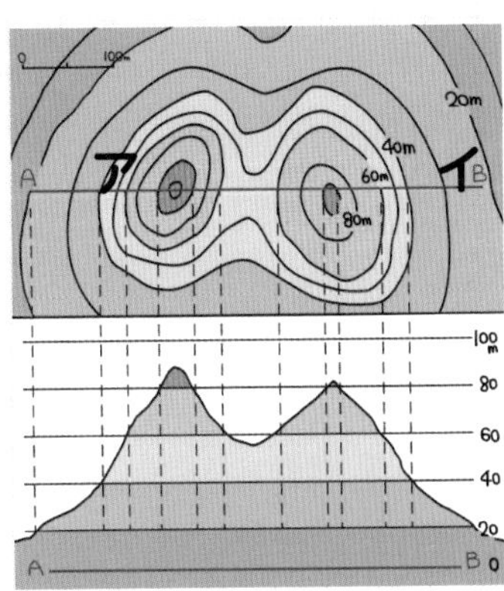

0
100m
20m
40m
60m
80m
A
B
ア
イ
100m
80
60
40
20
0
A
B

14 日本の伝統や文化

地いきに残る伝統文化をおさえよう。

地いきにはさまざまな伝統文化が残っているのね。

1 地いきに残る伝統文化

祭り

祭りは，昔の人がほう作や地いきのはんえいを願って始まったのよ。

今でもたくさんの人が参加するよね。わたしも大スキ！

建物

きょう土芸のう

どの文化も，昔から受けついできたものだぜ。

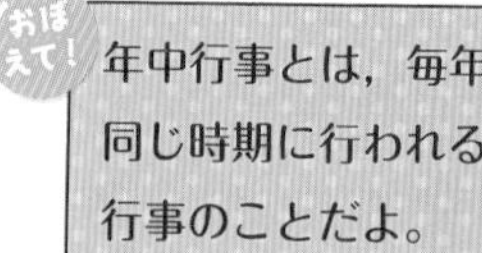
おぼえて！
年中行事とは，毎年同じ時期に行われる行事のことだよ。

2 年中行事

1月	2月	3月	4月	5月	6月	7月	8月	9月	10月	11月	12月
冬			春			夏			秋		
正月	節分	ひなまつり	花見	たんごの節句		七夕	おぼん	十五夜		七五三	おおみそか

練習問題の答え　1 (1)等高線　(2)しゅくしゃく　2 ア

Let's TRY 練習問題

1 地いきに残る祭りについて，正しいものを，次のア～ウから**1つ**選びましょう。

ア　昔の人の願いがこめられている。

イ　最近新しく始まったものである。

ウ　最近では参加する人がいない。

わたしたちも伝統を受けついでいくことが大事よ。

2 次の年中行事が行われるのは何月ですか，空らんに**数字**を書きましょう。

(1) 正月

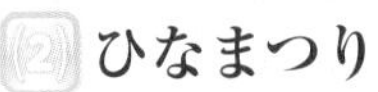
(2) ひなまつり

(3) 七夕

 月

 月

 月

これだけはおさえて！

昔の人の願いやくふうが，今でも受けつがれているよ。

お祭りは楽しいよな！今年も参加するぜ！

15 先人の働き①

地いきの発てんにつくした人びとをおさえよう。

1 通潤橋(つうじゅんきょう)ができるまで

橋の中に水路がつくられているんだね！

昔のようす

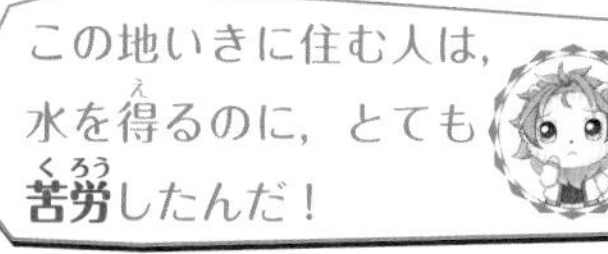
この地いきに住む人は，水を得(え)るのに，とても苦労(くろう)したんだ！

通潤橋をつくって，地いきに水を引いたのね。

2 吉田新田(よしだしんでん)ができるまで

昔のようす

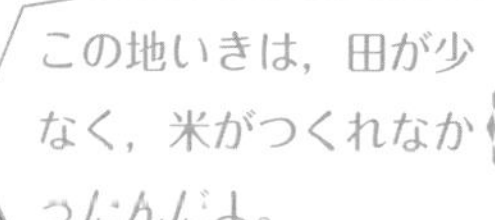
この地いきは，田が少なく，米がつくれなかったんだよ。

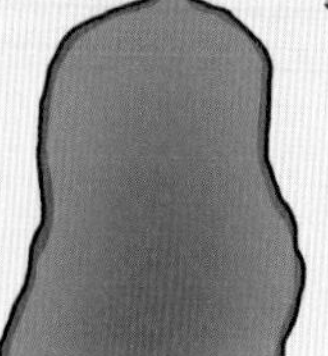

海をうめ立てて，田を広げたんだ。

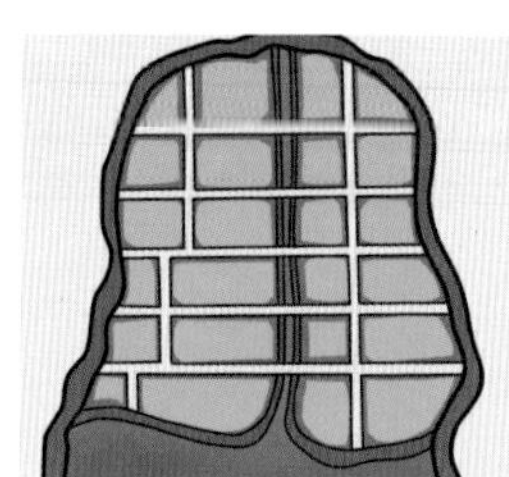

昔の工事のようす

昔は手作業で工事をしていたんだ！
たいせつ
すごく時間と手間がかかったんだろうね。

練習問題の答え　1ア　2(1)1月　(2)3月　(3)7月

1 次の文の空らんにあてはまる言葉を，あとの□から選んで書きましょう。

(1) 通潤橋は，地いきに［　　　］を引くためにつくられた。

(2) 吉田新田は，田を広げるため，［　　　］をうめ立ててつくられた。

海　　水　　田　　畑

2 次の文にあてはまる言葉を，空らんから選んで○をつけましょう。

昔の工事では，［機械 ・ 手作業］で工事をしていたため，時間や手間がかかった。

昔の工事では，地いきに住むたくさんの人びとが協力したのよ。

これだけはおさえて！

昔の人のくふうや努力のおかげで，地いきが発てんしたんだよ。

昔の工事って，大変だったんだな。

先人の働き②

地いきの発てんにつくした人びとをおさえよう！

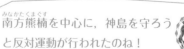

1 医りょうの発てん

北里柴三郎（きたさとしばさぶろう）

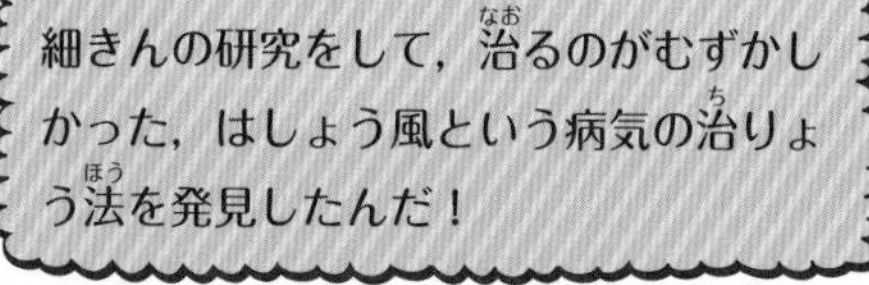

細きんの研究をして，治（なお）るのがむずかしかった，はしょう風という病気の治（ち）りょう法（ほう）を発見したんだ！

治りょう法がわからないって，こわいね！

病気の人びとを救（すく）いたいっていう願（ねが）いがあったのね。

2 自然（しぜん）を守る

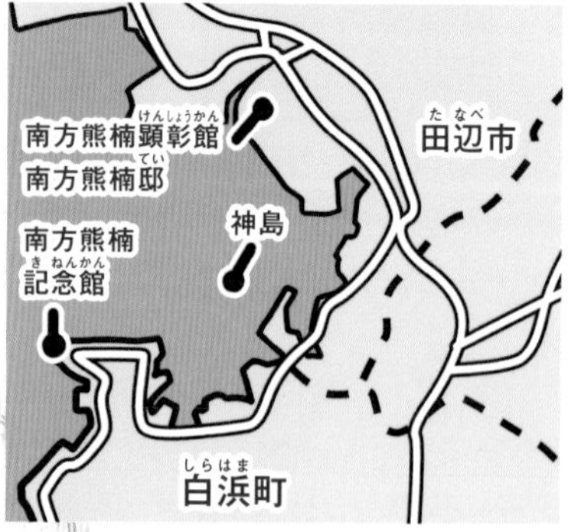

南方熊楠顕彰館（けんしょうかん）
南方熊楠邸（てい）
神島
南方熊楠記念館（きねんかん）
田辺市（たなべ）
白浜町（しらはま）

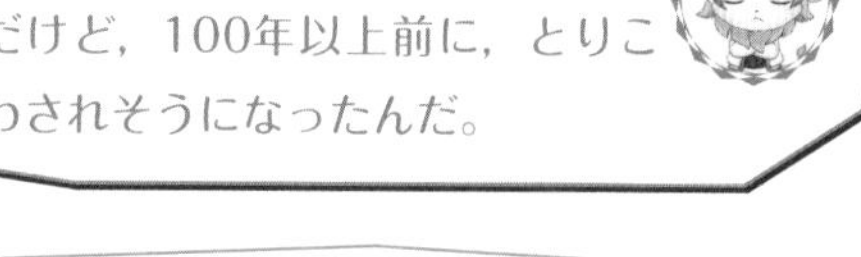

和歌山県（わかやまけん）の神島（かしま）は，「神様のいる島」として豊（ゆた）かな自然や神社があるんだけど，100年以上前に，とりこわされそうになったんだ。

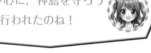

南方熊楠（みなかたくまぐす）を中心に，神島を守ろうと反対運動が行われたのね！

練習問題の答え　1(1)水　(2)海　2手作業

Let's TRY 練習問題

1 北里柴三郎が行ったこととして正しいものを，次のア～エから１つ選び（えら）ましょう。

ア 海をうめ立てて，田の面積（めんせき）を広げた。

イ はしょう風の治りょう法を発見した。

ウ 水が不足（ふそく）している地いきに，水を引いた。

エ 子どもたちのために，小学校をつくった。

う～ん，何をした人だったかな？
病気から人びとを救おうとしてたよね。

2 次の空らんにあてはまる言葉を書きましょう。

南方熊楠は，［ ① ］県にある神島の豊かな［ ② ］や神社などがとりこわされないように，地いきの人びとともに，反対運動を行った。

神島の自然は，今でも大切に守られているぞ！

特色ある地いき

それぞれの都道府県の特色ある地いきをおさえよう！

1 伝統的なぎじゅつを生かした産業がさかんな地いき

☆焼き物 ☆織物 ☆漆器

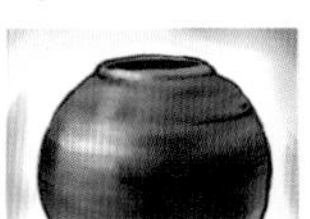

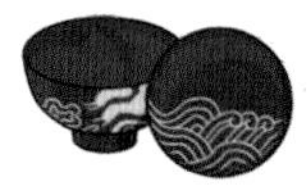

何をつくっているのかしら？

2 世界とつながる地いき

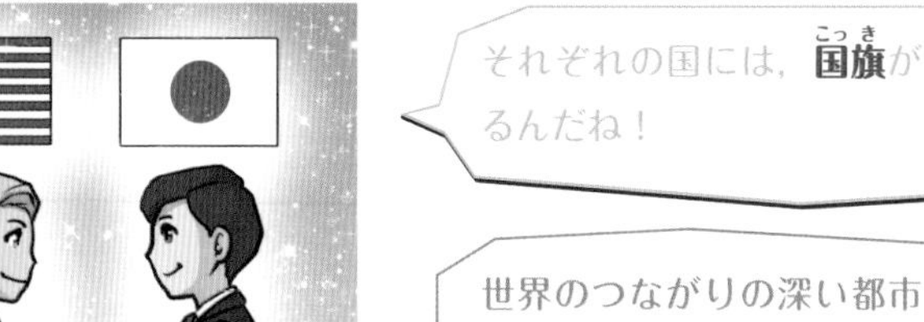
それぞれの国には，**国旗**があるんだね！
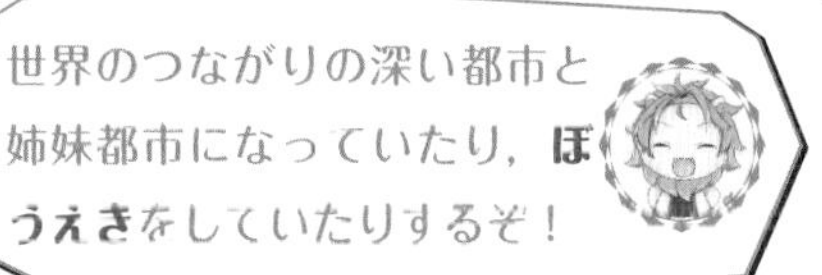
世界のつながりの深い都市と姉妹都市になっていたり，**ぼうえき**をしていたりするぞ！

3 自然や文化を生かした地いき

☆さんごしょう ☆歴史的な町なみ

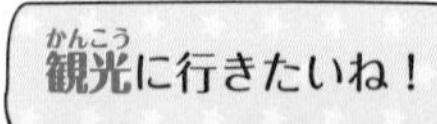
観光に行きたいね！

練習問題の答え 1イ 2①和歌山 ②自然

Let's TRY 練習問題

1 次の文の空(くう)らんにあてはまる**言葉**を書きましょう。

(1) 焼き物や織物，漆器など［　　　　］なぎじゅつを生かした産業がさかんな地いきがあります。

(2) 世界の国は，それぞれ［　　　　］をもっています。

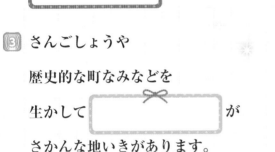

日本はこれだな！

(3) さんごしょうや歴史的な町なみなどを生かして［　　　　］がさかんな地いきがあります。

2 世界の国ぐにから，**農産物**や**工業せい品**などを売り買いすることを何といいますか。

［　　　　］

船や飛行機(ひこうき)を使って，ものを運んでいるのよ。
港や空港がある町はどこかしら？

おさえておこう！
ポイントまとめ

興味のあるところから覚えよう！

ポイント1

日本の都道府県

1

でやったよ！

東京都は日本の首都で，人口も一番多いよね。

それぞれの都道府県に特産品があったわ。

北海道地方：北海道

東北地方：青森県、秋田県、岩手県、山形県、宮城県、福島県

関東地方：群馬県、栃木県、茨城県、埼玉県、千葉県、東京都、神奈川県

中部地方：新潟県、富山県、石川県、福井県、長野県、山梨県、岐阜県、静岡県、愛知県

近畿地方：京都府、滋賀県、兵庫県、大阪府、三重県、奈良県、和歌山県

中国地方：鳥取県、島根県、岡山県、広島県、山口県

四国地方：香川県、徳島県、愛媛県、高知県

九州地方：福岡県、佐賀県、長崎県、大分県、熊本県、宮崎県、鹿児島県、沖縄県

日本には，47都道府県があり，8つの地方に分かれている。

ポイント2

地震からくらしを守る

8

でやったよ！

地震のときには，消防隊や自衛隊，地いきの人びとが協力して救助活動を行う。

練習問題の答え　1(1)伝統的　(2)国旗　(3)観光　2ぼうえき

ポイント3

ごみの活用

10 でやったよ！

3R（スリーアール） リユース，リデュース，リサイクル

ごみは分別（ぶんべつ）しよう！

ポイント4

水のじゅんかん

12 でやったよ！

森林には雨水をたくわえるはたらきがある。

じょう発して雨雲に
ダム
森林
わたしたちの家庭や学校
じょう水場
取水せき
下水処理（しょり）場

ポイント5

地図を読み取る

13
でやったよ！

等高線（とうこうせん） 同じ高さの地点を結（むす）んだ線。

しゅくしゃく 実際（じっさい）のきょりをちぢめたわり合。

等高線から山の形がわかるな！

チェックテスト【社会】

⇒答えと解説は P.193

1 次の(1), (2)にあてはまる地方の名前を，それぞれ書きましょう。 ふく習P114

□ (1) [　　　　] には，福岡県や熊本県，宮崎県など8つの県が位置しています。

□ (2) [　　　　] には，青森県や岩手県，宮城県など6つの県が位置しています。

2 次の地図中の(1)～(5)にあてはまる都道府県の名前を，それぞれ書きましょう。 ふく習P114

□ (1) 面積が日本一大きい

[　　　　]

□ (2) 米の生産量が日本一

[　　　　]

□ (3) 清水寺などがある

[　　　　]

□ (4) 日本の首都

[　　　　]

□ (5) 日本で一番西にある

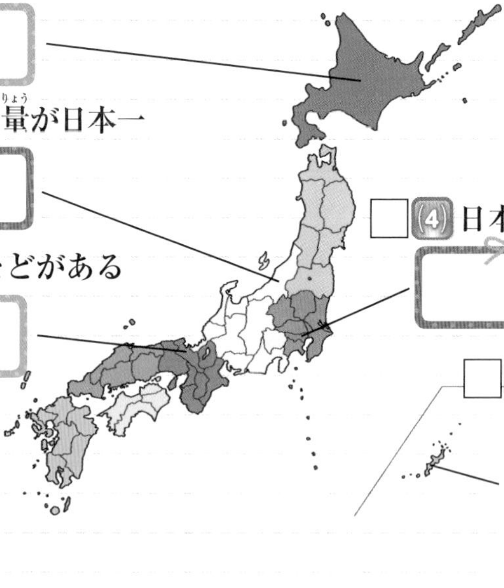

[　　　　]

3 次の問題に答えましょう。

□ (1) ごみをへらすために，ごみをしげんにもどして再利用することを何といいますか。

ふく習P132

□ (2) じょう水場の人が，水に薬品を入れて安全でおいしい水かどうかを調べることを何といいますか。

じょう水場の人は，安全でおいしい水を家庭に送る仕事をしていたわ。

ふく習P134

□ (3) 地図上で，同じ高さの地点を結んだ線を何といいいますか。

ふく習P138

これを見ると，だいたいの山の形がわかるよ。

4 次の ア ～ ウ の年中行事が行われるのは何月ですか。1月から行われる順にならべかえましょう。

ふく習P140

□ ア 七夕　イ 節分　ウ 十五夜

→ →

プチ体けい

どっちもオイシイ！ 東日本と西日本

同じ名前でも，西日本と東日本で形や味のちがう食べ物があるんだ！どっちもおいしそうだろ！

さくらもち

西日本はむしたお米で，東日本は小麦粉の生地をうすく焼いて，あんこを包んでいるよ。

同じ名前なのに，材料もちがうのね！

西

東

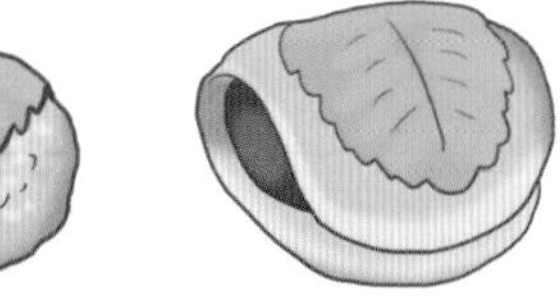

お雑煮

西

東

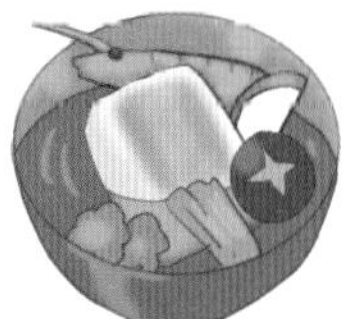

西日本では丸いもち，東日本では四角いもちを入れて食べるよ。

地いきによって，味つけもちがうのよ。同じ名前なのにふしぎ！

うどん

西日本はすき通っただし，東日本はこい色のだしで食べるよ。

うどんのやわらかさもちがうんだぜ！どっちもおいしそうだな！

西

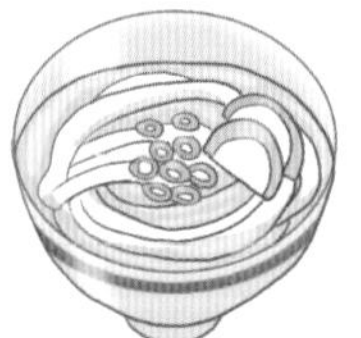

東

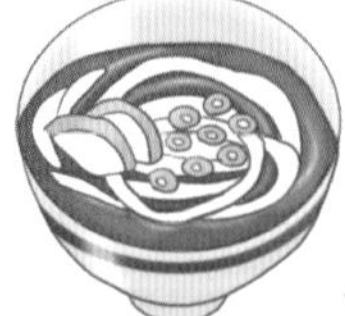

プチ体けい

ときめき♡短歌

百人一首を知っているかな。昔の人が書いた短歌を集めたものだよ。かるたで親しまれているよね。

恋する気持ちは、いつの時代もいっしょなのね。

40番　男の人の短歌

忍ぶれど色に出でにけりわが
恋は物や思ふと人の問ふまで
平兼盛

54番　女の人の短歌

忘れじの行く末までは難ければ
今日を限りの命ともがな
儀同三司母

77番　男の人の短歌

瀬をはやみ岩にせかるる滝川の
われても末にあはむとぞ思ふ
崇徳院

89番　女の人の短歌

玉の緒よ絶えなば絶えねながら
へば忍ぶることの弱りもぞする
式子内親王

意味（40番）
かくしているつもりでも、恋する気持ちは顔にでてしまう。どうしたの？って人にきかれるくらいに。

意味（54番）
決して忘れないなんて気持ちがずっと続くとは思えないわ。それなら今の幸せの中でなくなってしまいたい。

意味（77番）
流れの速い川の水が、岩にあたってわかれてもまた一つになるように、好きな人とまた会おうと思う。

意味（89番）
わたしの命よ、なくなってしまうのならば早くなくなってしまえ。このまま生きていると、恋をかくしてたえている気持ちが弱くなりそうだから。

どの短歌もステキ！短歌って昔の人のラブレターみたいだね！わたしもアノ人を思って短歌にしようかな♡

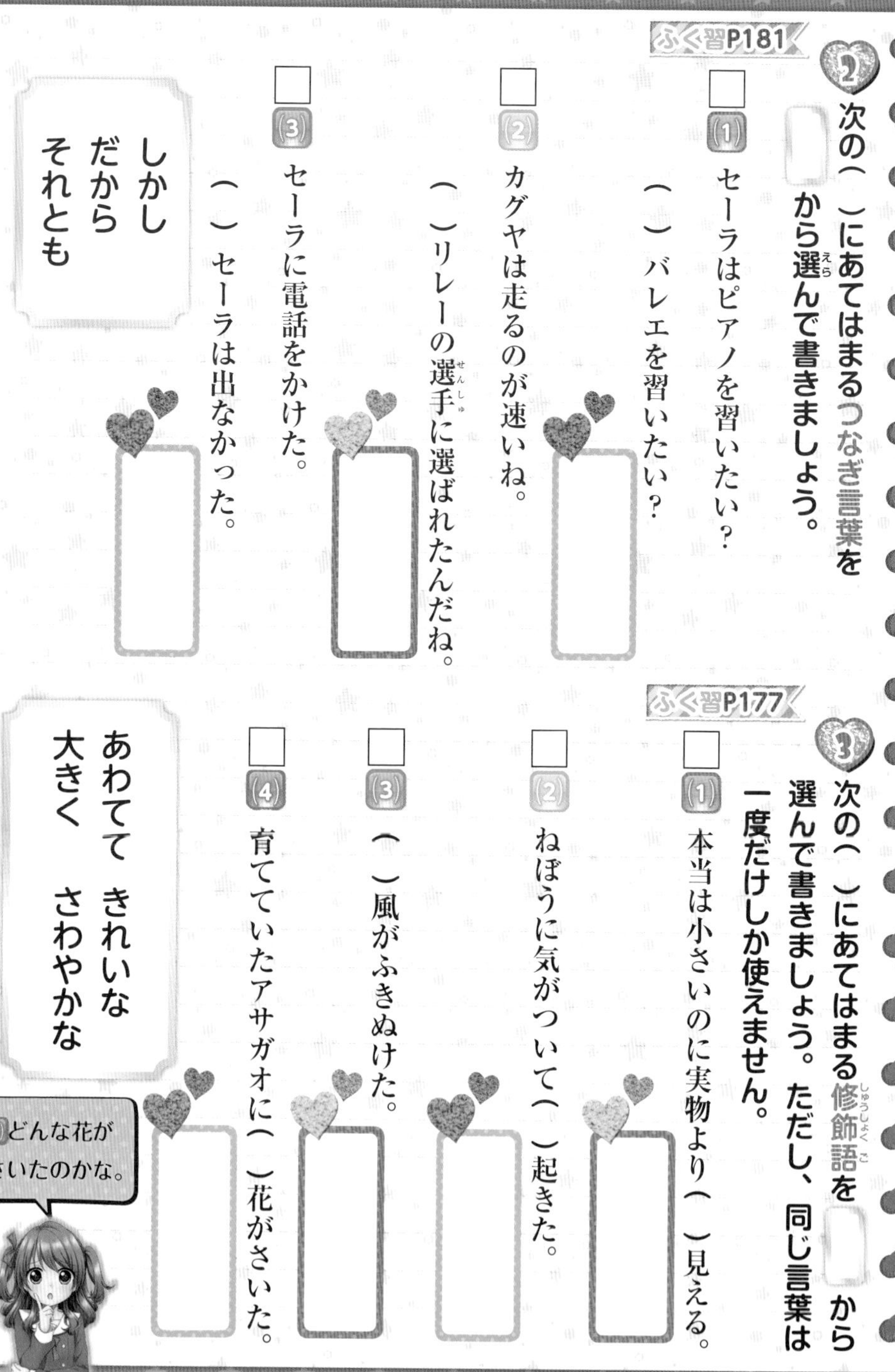

ふく習P181

2 次の（　）にあてはまる**つなぎ言葉**を□から選んで書きましょう。

(1) セーラはピアノを習いたい？（　）バレエを習いたい？

(2) カグヤは走るのが速いね。（　）リレーの選手に選ばれたんだね。

(3) セーラに電話をかけた。（　）セーラは出なかった。

しかし
だから
それとも

ふく習P177

3 次の（　）にあてはまる**修飾語**を□から選んで書きましょう。ただし、同じ言葉は一度だけしか使えません。

(1) 本当は小さいのに実物より（　）見える。

(2) ねぼうに気がついて（　）起きた。

(3) （　）風がふきぬけた。

(4) 育てていたアサガオに（　）花がさいた。

あわてて　きれいな
大きく　さわやかな

④どんな花がさいたのかな。

練習問題の答え
1 (1)案 (2)英 (3)協 (4)栄

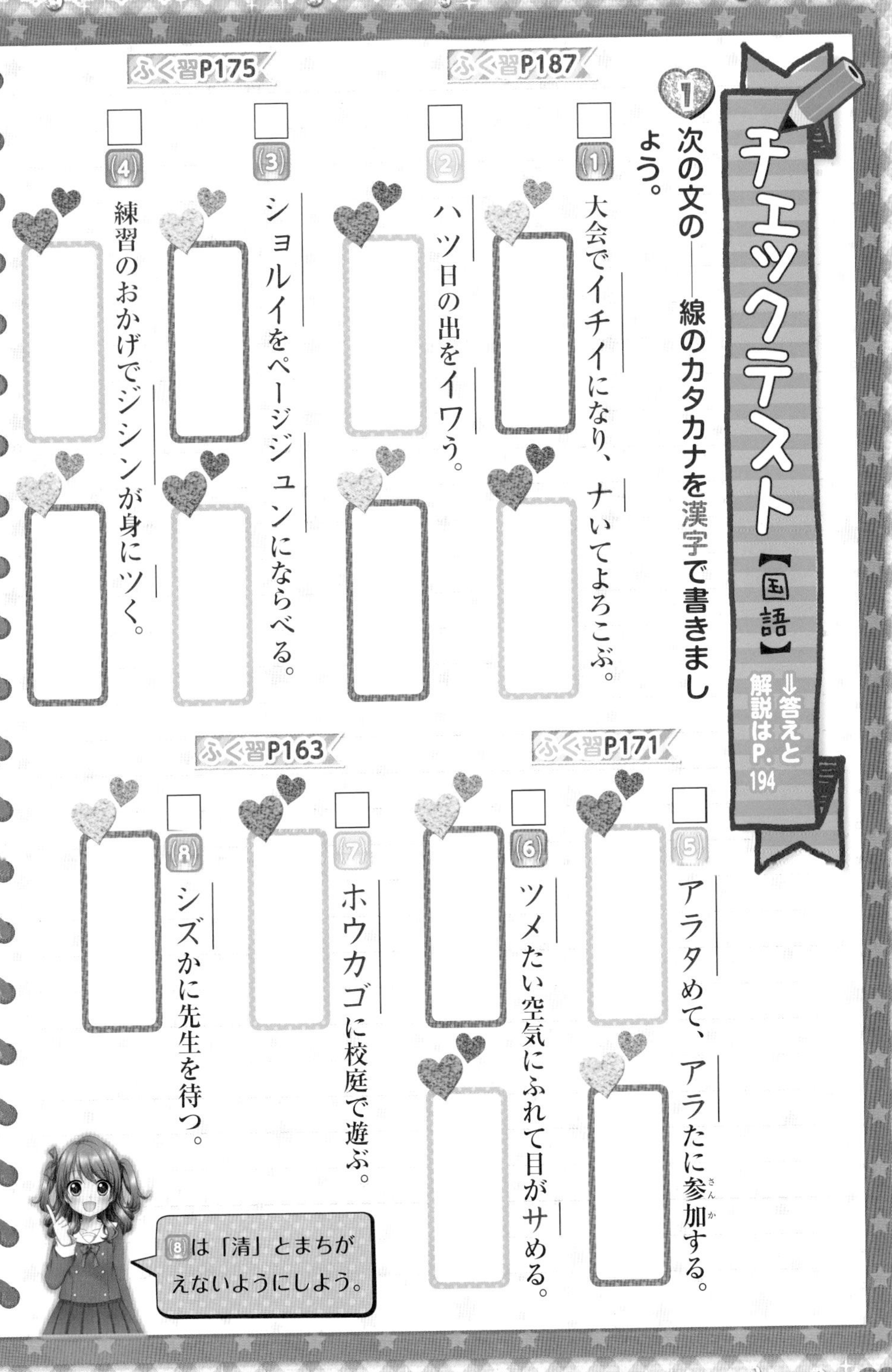

チェックテスト【国語】

⇓答えと解説はP.194

1 次の文の――線のカタカナを漢字で書きましょう。

ふく習P187

(1) 大会でイチイになり、ナいてよろこぶ。

(2) ハツ日の出をイワう。

ふく習P175

(3) ショルイをページジュンにならべる。

(4) 練習のおかげでジシンが身にツく。

ふく習P171

(5) アラタめて、アラたに参加(さんか)する。

(6) ツメたい空気にふれて目がサめる。

ふく習P163

(7) ホウカゴに校庭で遊ぶ。

(8) シズかに先生を待つ。

(8)は「清」とまちがえないようにしよう。

Let's TRY 練習問題

1 次の文の——線のカタカナにあてはまる漢字を下のカードから選んで書きましょう。

(1) お客様をアン内する。

(2) 旅行にそなえてエイ語を学ぶ。

(3) チームのためにキョウ力する。

(4) エイ養のバランスに注意してね。

英　案　協

安　共　栄

好きぎらいはだめだよー。って、わたしのことだった！
同じ読み方の漢字、いろいろあるけど、使いながら覚えていこうね。

練習問題の答え
1 (1)給・塩 (2)積・節 (3)伝・温

17 同音・同訓異字

同じ読み方の漢字を覚えよう。

学校からの帰り道に漢字の話をしたんだね！どんな話をしたのかな。

同じ読み方の漢字はたくさんあるんだね。
こいせつ
そうだよ。ちがう漢字だけど同じ音読みのものが**同音異字**、ちがう漢字だけど同じ訓読みのものが**同訓異字**だよ。
どんな同音・同訓異字があるかな。
英語教室に、週に１回、通い始めたよ。
交通整理の人が手を挙げているよ。「上げる」も「あ-げる」と読むね。
あそこで水道管の工事をしているよ。「管」を「官」とまちがえないようにね。
新しくできた図書館へ行ったよ。初めてのところだから、案内してもらうと安心だね。
今日はお姉ちゃんと夕食をつくるんだ。栄養のバランスを考えて、協力してがんばるぞ！「共・鏡・競」も「キョウ」と読むよ。

Let's TRY 練習問題

1 （例）のように漢字のしりとりになるように、次の空らんに□から漢字を選んで書きましょう。ただし、同じ漢字は一度だけしか使えません。

（例）運転―天気―汽車

読みが同じなら、漢字はちがっていてもいいよ。

(1) 早急―□食―食□

(2) 同席―□雪―□約

(3) 発電―□記―気□

給　期　温　塩
積　節　念　伝

雪が積もることを「セキセツ」っていうんだね。

そうそう。「積」は「つ-もる」「つ-む」「セキ」って読むんだよ。

ほかに、「節」は「ふし」とも読むよ。「伝記」は「ある人が人生でなしとげたことの記録」だよ。何かれきしに残ることができたらいいな。いや、それよりぼくは、きみたちの記おくの中にずっといられたらうれしいな。

練習問題の答え
1ウ

16 身近な漢字③

給食の時間に漢字を覚えよう。

給食の時間だね。今日のこんだてはなんだろう？
４年生で新しく習う漢字はかくれていないかな？
ふりかけって便利だね！
今日はお赤飯だって！
ごま塩かけよっと！
カグヤ、おなかが鳴ってるよ～。
今日はねぼうして、朝ご飯を食べられなかったんだ～。給食が待ち遠しいよ…。あ、２つ、新しい漢字だ。
そっか、今日は学校のそう立記念日だからお赤飯なんだね。
え？！本当？どれどれ？
じゃあ、給食を食べたら、４年牛で新しく勉強する漢字をチェックしよう。
明日の給食はお休みです。おうちの人に伝えてください。
今日は好きな席で食べたいな。
節水中だけど、食事の前には手をしっかりあらってね。

4

一九二〇年代、それは大正時代から昭和の初めにあたりますが、その当時の日本人の平均寿命は四十二、三歳でした。きみのお父さんやお母さんのいまの年齢とそう変わらないでしょう？

（日野原重明『十歳のきみへ』）

「けれども」に注目しよう。前の内ようと『ちがうこと』をいうときに使う言葉だよ。

Let's TRY 練習問題

1 右の文章に書かれていないものを、次のア〜ウから一つ選びましょう。

ア　いまの日本人の平均寿命は八十二歳だ。

イ　寿命がけっして長くないころもあった。

ウ　日本人はむかしから長生きだった。

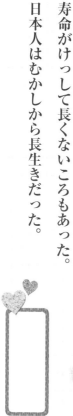

日本人の平均寿命のところは、書き出して整理しながら読むといいよ。

それぞれの段落でどんなことをいっているのか、考えながら読もうね。

練習問題の答え　1 (1)青　(2)日　(3)木　(4)言

15 文章の読みとり（説明文）

段落のはたらきを考えよう。

1 人が生きているあいだの長さを、「寿命」といいます。日本人がいまのところ世界でいちばん寿命が長いということは知っていますか？ いまや日本人の平均寿命は八十二歳。男女別に見ると、男の人は七十八歳をこえて世界第二位、女の人は男の人よりももっと長生きで平均寿命は八十五歳をこえて、堂々の世界第一位です。

2 一九八〇年代までは、世界でいちばん長生きの人たちといえば、北欧の国の人たちでした。それが、一九九〇年代に入って日本がトップにおどりでて以来、日本人は毎年寿命をのばして、過去十年以上も世界一の長生きをほこっています。

3 けれども、日本人がむかしから長生きであったわけではありません。きみのおじいちゃんやおばあちゃんが子どものころは日本は貧しい国で、寿命もけっして長くはありませんでした。

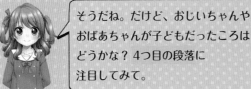

最初の段落はどんなことをいっているかわかる？

ん～、「寿命」は人が生きているあいだの長さのことで、日本人は長生きだってこと？

そうだね。だけど、おじいちゃんやおばあちゃんが子どもだったころはどうかな？ 4つ目の段落に注目してみて。

Let's TRY 練習問題

1 次の文の――線のカタカナを漢字にしたときに共通する部分を［ ］から選んで書きましょう。

(1) シズかな場所でセイ書しよう。

(2) アツいけれど、きれいな風ケイを見に出かけたいね。

(3) ショウ竹バイっておめでたい植物なんだって。

(4) 放カ後にひなんクン練があるよ。

言　日　木　青

セーラ、問題だよー！「川」「果」につけることができる「へん」はな〜んだ？「言」「口」「月」のどれかだよ。

う〜ん。1つずつあてはめてみよう。

答えは「言」だよ。「訓」と「課」になるね。

練習問題の答え　1 イ

14 形のにた漢字③

お花屋さんにはきれいな花がたくさんあるね！ここでも４年生で新しく習う漢字がかくれているよ。
お花屋さんで漢字を覚えよう。
カグヤ、どうしてお花屋さんに来たの？
外は暑くてにぎやかだけど、ここはすずしいし、静かだね。
おばあちゃんのたん生日にお花をプレゼントしたいの。
お花につけるカードは下書きをしてから清書してね。
いいねえ！
お花といっしょにピアノえんそうもおくろうと思うの。このごろピアノの特訓が日課なんだ。
おばあちゃんがよろこぶ光景が目にうかぶよ！
松や梅をあつかうこともあるんだって。どちらも「きへん」がついているね。
「静」と「清」には、「青」がついているね。へんやつくりの位置にも注意しよう。
「景」と「暑」には、上に「日」がついているね。にた漢字は、まとめて覚えよう！

（きっと、フーチはぼくをママと思っているんだ、かわいいなー。）
フーチをだきしめたら、フーチの心ぞうの音がした。
コチ、コチ、コチ
耳のそばで時計が鳴っている。
（岸川悦子（きしかわえつこ）『フーチのあおむけすべり』）

「ぼく」の気持ちが書かれているよ。

フーチの心ぞうの音を時計の音にたとえているんだよ。

Let's TRY 練習問題

1 「ぼく」はフーチにどんな気持ちでせっしていますか。次のア～ウから一つ選（えら）びましょう。

ア 早くねてほしくていらついている。
イ なついているのでかわいくてしかたがない。
ウ 遊んでばかりいるので心配している。

「きっと、フーチはぼくをママと思っているんだ、かわいいなー」ってあるね。

たいせつ たとえの表現（ひょうげん）にも注目するといいよ。

物語の読みとりでは、登場人物の気持ちが表れているところに注目しようね。

練習問題の答え
1 (1)島 (2)岡 (3)愛

13
文章の読みとり（物語）

登場人物の人がらをとらえよう。

フーチは「ぼく」の家にきたばかりの子犬。フーチがさびしそうに見えた「ぼく」はフーチの犬小屋に入った。

「いっしょにねようね。」

と、だっこしてあげようとしたのに、フーチは少しもじっとしてない。小屋の中を走りまわったりとびついてあまえたり、おもちゃのボールと格闘（かくとう）したり……。

「ほら。おとなしくねるの。」

はしゃぐフーチをつかまえて、頭やおなかをさすってあげた。

フーチっておかしいんだよ。おなかをさすると、後ろあしが動くんだよ。頭をなでてあげると、しっぽをちりちりふるんだ。

そしてね、そのうち、ぼくのうでの中に丸まってすうすうね息をたててねちゃった。

フーチは元気な子犬みたいだね。

そうね。「ぼく」がフーチをねかせようとして、どんなことをしてたのかな？

「ぼく」がフーチに話しかけているよ。話しかけながら体をさすってあげたんだね。

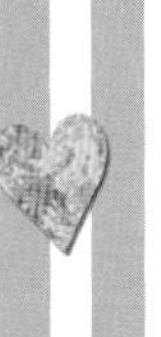

Let's TRY 練習問題

1 (例)のように、次の(　)に共通してあてはまる漢字を□から選んで書き、都道府県名を完成させましょう。

(例) 東(　)・(　)都　答え(京)

(1) (　)根・福(　)・徳(　)

(2) (　)山・福(　)・静(　)

(3) (　)知・(　)媛

梨　鳥　馬　岡
高　福　愛　島

都道府県名に使われているいちばん多い漢字ってなんだろ～。
ん～。「島」かなあ。
おしい！「島」は2位。いちばん多いのは「山」だよ。山形県、山梨県、富山県、和歌山県、岡山県、山口県の6県もあるんだ！

練習問題の答え
1 A…イ　B…ウ　C…ア

お買い物に来たよ。どこでつくられたのか、産地をたしかめてみよう。

12 都道府県の漢字

お買い物で漢字を覚えよう。

いちごを買うよ。いろいろあってまよっちゃう。

どこでとれたいちごかな。
栃木県、熊本県……
佐賀県っていうのもあるんだね。

たまごも買わなくちゃ。茨城県、鹿児島県、兵庫県産もあるなあ。

あ！もしかして
カグヤ
ケーキ作るの？

えへへ。上手にできたらセーラにもあげるね。

おにぎり大好き。
このお米には新潟県産って書いてあるよ。

ケーキに
岡山県のももや
愛媛県のみかんも
のせてみない？

お肉も食べたいな。
宮崎県産の牛肉でステーキなんて最高！！

群馬県産のほうれん草と神奈川県産のもやしをそえよう！

C 銀も金も玉も何せむ(ん)に勝れる宝子に及かめやも

山上憶良

（意味）銀や金、宝石が何だというのか。子どもという宝にはおよばないよ。

山上憶良は、今から1300年ぐらい前の人だよ。子どもを大切に思う人だったんだね。

Let's TRY 練習問題

1 右のA〜Cの短歌の説明を、次のア〜ウから一つずつ選びましょう。

ア 子どもの大切さをよんでいる。

イ 子どもとすごすやさしい時間をよんでいる。

ウ 季節の変わり日への気づきをよんでいる。

A □

B □

C □

Bでは、何に気づいたんだろうね。

Bでは、音によって感じたことがよまれているね。

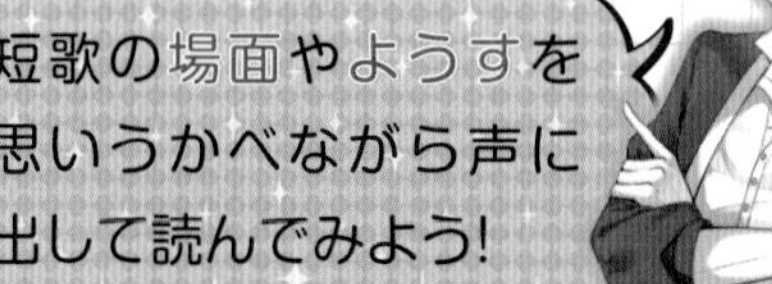
短歌の場面やようすを思いうかべながら声に出して読んでみよう!

練習問題の答え
1 (1)周 (2)健 (3)変 (4)改 (5)覚

11 短歌に親しむ

日本語のひびきに親しもう。

A

かすみたつながきはるひにこどもらと
てまりつきつゝ（つ）このひくらしつ

良寛（りょうかん）

（意味）かすみがかかる長い春の一日を子どもたちと手まりをつきながらすごしたよ。

B

あききぬとめにはさやかに見（み）えねども
風のをと（お）にぞおどろかれぬる

藤原敏行（ふじわらのとしゆき）

（意味）秋が来たことを、目ではっきりと見ることはできませんが、風の音で秋のおとずれに気がつきます。

良寛は、きびしい修行（しゅぎょう）をしたおぼうさんなんだって。

子どもと遊んだりするようなやさしいところもあったんだね。

季節（きせつ）のうつり変（か）わりを風の音で感じたんだね。

たいせつ

短歌とは、五・七・五・七・七の音の数で書かれた短い詩のことだよ。

Let's TRY

練習問題

1 次の文にあてはまる漢字を〔　〕から選んで書きましょう。

(1) 家の〔周・回〕りで遊ぼう。

(2) 保〔健・研〕室にいこう。

(3) 空の色が〔変・代〕わってきたよ。

(4) 〔改・新〕まってどうしたの。

(5) 大きい音で目が〔冷・覚〕めちゃった。

「熱いスープがさめる。」の「さめる」はどっちかな…？

温度に関わる漢字はどっちかな？「冷」だよね。

同じ漢字でもいろいろな読み方があるね。「改」はほかに「カイ」「あらた-める」があるよ。

練習問題の答え
1 (1)ア (2)ウ (3)イ

10
身近な漢字②
今日は動物園へ行こう！４年生で新しく習う漢字がかくれているよ。さがしてみよう！
動物園で漢字を覚えよう。
カグヤ、わたし動物の赤ちゃん大好き！いるかなあ？
ここにゾウの赤ちゃんがいるらしいよ。
え？！うそ？！見たーい！
ゾウを見やすくするためにさくが改良されたらしいよ。
見学時間が4時までに変わったんだって。
ゾウの赤ちゃんが目を覚ましたよ～。とても健康そうだね！
ゾウの周りに人がいっぱいいるよ。
見学につかれたから、冷たいお水がおいしいね。

故事成語って何？
むずかしそうね。
故事成語は中国の古い
時代のできごとをもと
にしてできた言葉だよ。
「石の上にも三年」は、
何事にもしんぼう強さが
大切だということだよ。
慣用句、ことわざ、故事成語をふだんの
生活でも使ってみてはどう?

Let's TRY 練習問題

1 次の文の（　）にあてはまる慣用句・ことわざ・故事成語を□のア～ウから一つずつ選びましょう。

(1) ジョギングをしたらスリムになったし、体力もついた。（　）だね。　□

(2) ちこくした上に、ノートをわすれてしまった。（　）だ。　□

(3) 練習はつらいけど、（　）というし、成功を信じてがんばろう。　□

ア 一挙両得
イ 石の上にも三年
ウ 泣きっつらにはち

練習問題の答え
1 (1)頁 (2)灬 (3)イ (4)禾

9 慣用句・ことわざ・故事成語

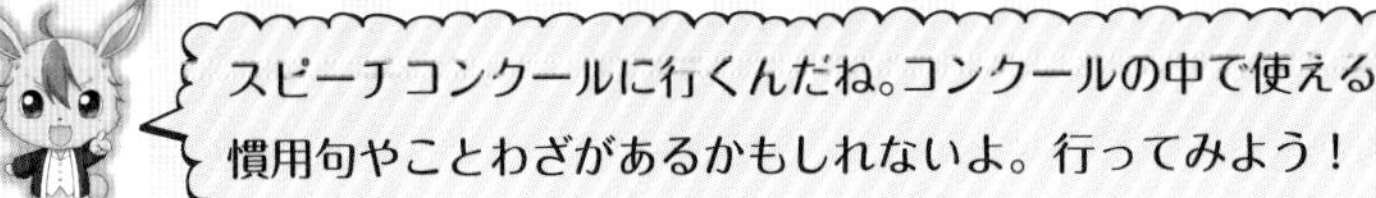
スピーチコンクールに行くんだね。コンクールの中で使える
慣用句やことわざがあるかもしれないよ。行ってみよう！

スピーチコンクールで慣用句などを覚えよう。

ゆりちゃん、堂々と発表しているね！

うん。発表前は、借りてきたねこみたいだったけど大丈夫だね。

会場は「水を打ったよう」に静かだね。

セーラ、すごい！慣用句を使えてるね。じゃあ、ほかの慣用句もチェックしてみよう。

転んじゃった。そのうえ、雨までふってきた！「泣きっつらにはち」だよ～。

ネットでぬいぐるみを買ったら、早くとどいたし、あめのおまけももらえたよ。「一挙両得」だね！

なかなか上手にならないけど、「石の上にも三年」でがんばるよ。

毎日少しずつ勉強すれば…。「ちりも積もれば山となる」だよね！

Let's TRY 練習問題

1 次の漢字の部分に共通する漢字の部首を□から選んで書きましょう。

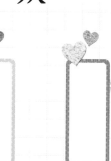

(1) 类・原・川

(2) 昭・埶・肰

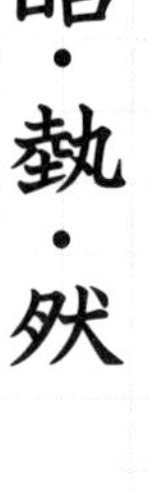

(3) 言・寸・昔

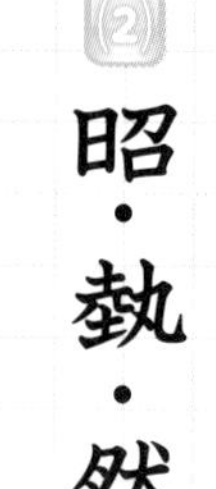

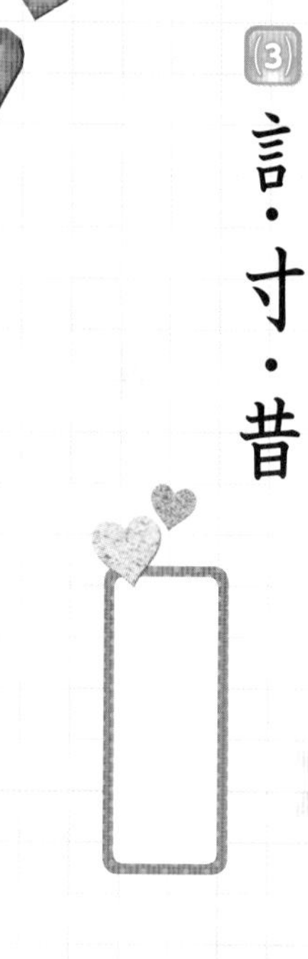

(4) 責・重

頁　亻　灬　禾

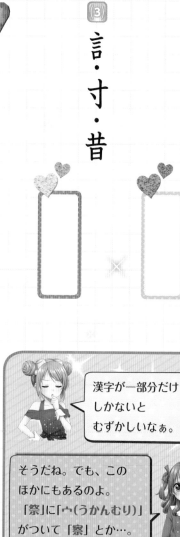

漢字が一部分だけしかないとむずかしいなぁ。

そうだね。でも、このほかにもあるのよ。「祭」に「宀(うかんむり)」がついて「察」とか…。

「灬」は「れんが(れっか)」というよ。「へん」や「つくり」ではなく「あし」っていうんだよ。

練習問題の答え
1 (1)きれいに
(2)あわてて
(3)大きく
(4)赤い

8 形のにた漢字②

公園の植物観察で漢字を覚えよう。

公園の植物を観察しに行くよ。いっしょに4年生で新しく習う漢字もさがしてみよう！

今日は植物観察！セーラ、いろいろ教えて。お願いね～！

まかせて！植物の種類を順番に覚えよ～！

セーラはやっぱり熱心だね。新しい漢字もたくさん出てきたよ！部首が同じ漢字はまぎらわしいよね。まとめて覚えちゃえ～！

太陽が照り付けて、まぶしいね。

観察中のお願い。自然は大切にしてね。

採集した植物の葉の面積が大きい順にならべよう。

借りてきたルーペを使えば、よく見えるよ。

「照・熱・然」→「灬（れんが）」
「付・借」　→「亻（にんべん）」
「願・類・順」→「頁（おおがい）」
「種・積」　→「禾（のぎへん）」

Let's TRY 練習問題

1 次の文の（　）にあてはまる修飾語を［　］から選んで書きましょう。ただし、同じ言葉は一度だけしか使えません。

(1) 時間をかけて、部屋を（　　）かたづけた。

(2) 約束の時間におくれそうだったので（　　）走った。

(3) 遠くからでも見えるように（　　）手をふった。

(4) （　　）ボールが転がってきた。

あわてて　大きく
きれいに　赤い

修飾語って、とてもむずかしい……。

セーラ、「とても」も修飾語だよ。ちゃんと使えてるじゃない。

修飾語は「どんな」や「どのように」を表す言葉なんだよ。

練習問題の答え
1 (1)器・候・好　(2)功・差　(3)票・標

7 修飾語

スキー場に来たよ。４年生で習う修飾語も見つけてみよう！ 修飾語とは、くわしく説明する言葉のことだよ。
スキー場で修飾語を覚えよう。
すべって、はでに転んじゃったよ〜。
カグヤ、かわいいスキーウエアだね。
あ！「はでに」はどんなふうに転んだのかを表す修飾語だね。
セーラもかっこいいゴーグルをしてるね。
転んだことは心配してくれないんだ…。
きれいな雪景色も楽しみたいね。
先生は上手にすべっているね〜。
顔に冷たい風があたって、いたいね。
たいせつ
修飾語は、〰部分をくわしく説明している言葉だよ。

Let's TRY
練習問題
1 (例)のように漢字のしりとりになるように、次の空らんに□から漢字を選んで書きましょう。ただし、同じ漢字は一度だけしか使えません。
(例)運転―天気―汽車
読みが同じなら、漢字はちがっていてもいいよ。「転」と「天」はどちらも「テン」と読むね。
(1) 食□―気□―□感
(2) 成□―交□―作業
(3) 投□―□本
器 票 候 標
功 差 好
「候」は画数が多いな〜。
にんべんのとなりの、たてぼうをわすれないようにね。
おぼえて!
「差」を「差」としないように注意しよう。「覚」は「⺍」ではなく「⺌」だよ。
読み方が同じ漢字は使い方も覚えて区別しよう!
練習問題の答え
1 (1)だから (2)それとも (3)しかし (4)ただし
178

6
まちがえやすい漢字
れきし館へ見学に行くんだね。ここにも4年生で新しく習う漢字がかくれているよ。
れきし館で漢字を覚えよう。
好きなコーナーに行っていいんだって！
かっこいいよろいを見に行かない？
オッケー！
昔から残っているよろいはかっこいいね。「残」だと一画足りないよ。右上の点をわすれずにね。
昔の食器づくりを体験してみたら、大成功！「器」・「功」の◯の部分はつき出してね。
化石の標本はどこかな。「標」と「票」をまちがえないでね。
大昔の気候と今の気候に差はないのかな。「候」だとたてのぼうが１本足りないよ。「差」の◯の部分を１画で続けて書かないようにね。
好きなコーナーを決める投票箱が出口にあるみたいだよ。

Let's TRY 練習問題

1 次の文の（　）にあてはまるつなぎ言葉を［　］から選（えら）んで書きましょう。

(1) ねぼうして朝ごはんを食べられなかった。（　）とてもおなかがすいている。

(2) ケーキを食べる？（　）おだんごを食べる？

(3) 集合時間をすぎた。（　）まだ来ない人がいる。

(4) 遊びに行こう。（　）宿題を終わらせてからね。

ただし　それとも
だから　しかし

つなぎ言葉って大切なのね。
つなぎ言葉があると話の内ようがよくわかるよ。
ほかに、「かさをさした。なぜなら雨がふってきたからだ。」の「なぜなら」などもあるよ。

練習問題の答え
1 (1)加 (2)料 (3)飛 (4)散 (5)完 (6)単

5
つなぎ言葉
今日は運動会。だから、二人ははりきっているんだ。
今使った「だから」のようなつなぎ言葉を勉強しよう！
運動会でつなぎ言葉を覚えよう。
運動会だよ～。あ、セーラは赤組？
うん！カグヤは白組か。別々になっちゃったね…。**だから**、おたがいがんばろう！
そういうときのつなぎ言葉は、「**だから**」じゃなくて「**でも**」だよ。
去年は負けてしまった。**だから**、今年はゆう勝したい。
玉が多く入っているのは赤組？**それとも**白組？
気合を入れて100m走にのぞんだ。**けれども**、転んでしまった。
おべんとうがおいしかった。**それで**、また元気が出た。
白組のほうが点数が高い。**つまり**、白組がゆう勝だね。
白組 赤組
105 98

Let's TRY 練習問題

1 次の文にあてはまる漢字を【　】から選んで書きましょう。

(1) さとうを追【加・果】するよ。

(2) 【量・料】理は楽しいね。

(3) 【飛・悲】行機に乗ったよ。

(4) 犬の【散・山】歩に行く。

(5) 【感・完】成したクッキーはリュウ先生にもあげようよ～。

(6) かん【単・短】につくれたね。

あれ？「ひこうき」はどう書くの？
「ひこうき」は空をとんでいるよね！「とぶ」という意味の漢字は、「飛」「悲」のどっちかな？
たいせつ
同じ音の漢字はたくさんあるよ。意味のちがいに注意して使おう。

練習問題の答え
1 (1)つく (2)みる (3)かける (4)なる

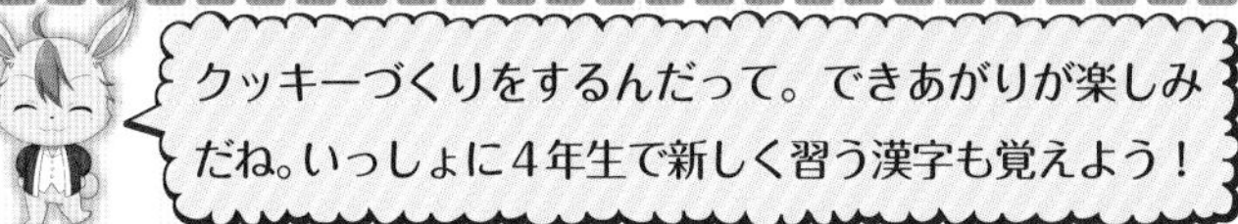
クッキーづくりをするんだって。できあがりが楽しみだね。いっしょに4年生で新しく習う漢字も覚えよう！

4

身近な漢字①

クッキーづくりをしながら漢字を覚えよう。

まずは材料をまぜるぞ～。

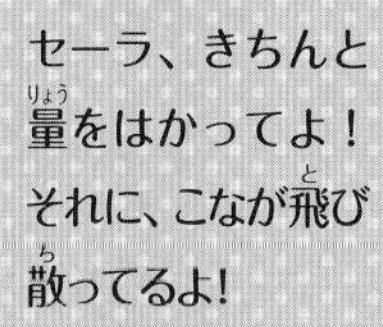
セーラ、きちんと量をはかってよ！それに、こなが飛び散ってるよ！

まず材料の量をはかってね。

うわっ、カグヤの顔にかかってる。ゴメーン…。

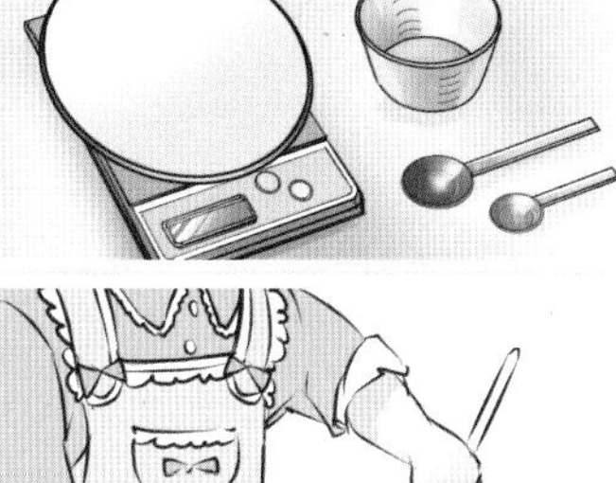

飛び散らないようにこなを加えてね。

オーブンで焼くよ。

ちょっと固いかな。

やった～完成！かん単にできた～。

Let's TRY

練習問題

1 次の文の（　）に共通してあてはまる言葉を□から選んで書きましょう。

(1)
・うそを（　）。
・もちを（　）。
・手にすなが（　）。

□

(2)
・手相を（　）。
・外を（　）。
・めんどうを（　）。

□

(3)
・電話を（　）。
・馬が速く（　）。
・水を上から（　）。

□

(4)
・野球選手に（　）。
・大きな音が（　）。
・新商品が気に（　）。

□

かける　みる
つく　なる

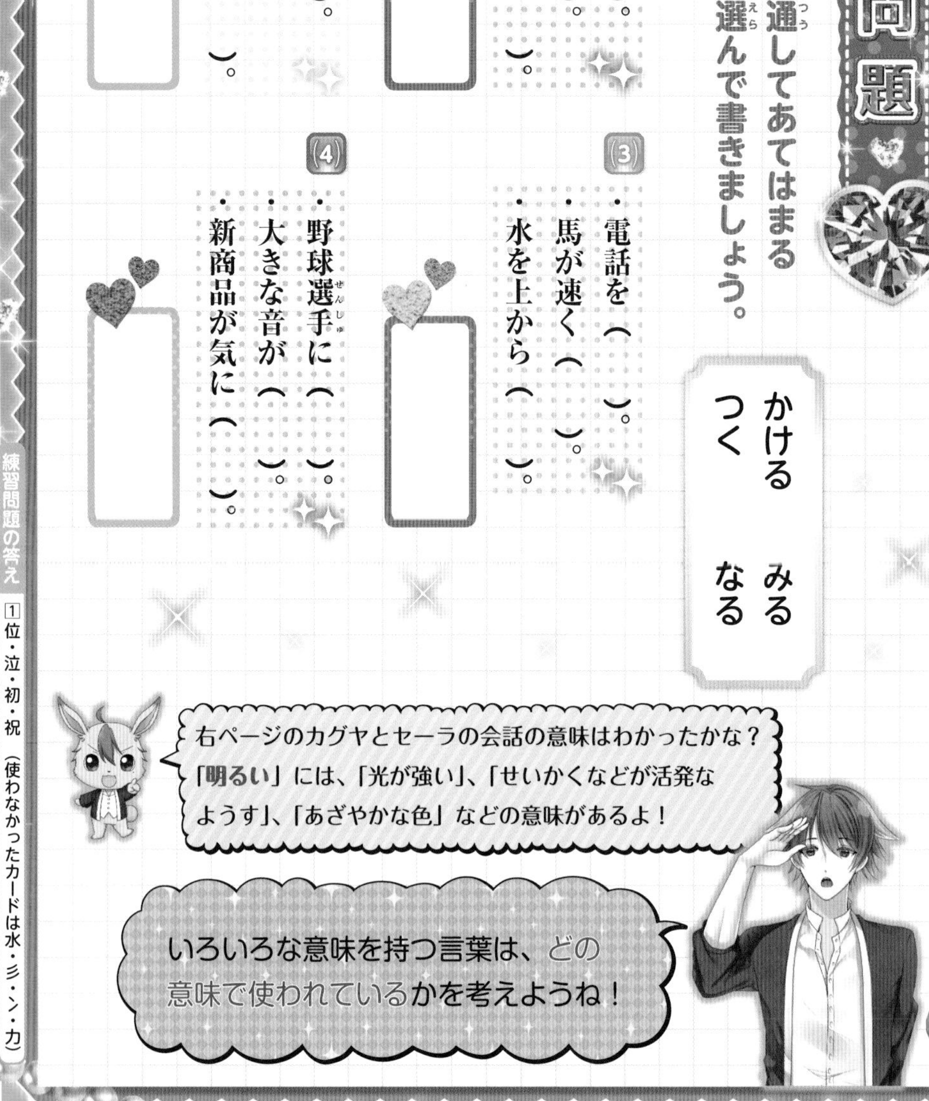

右ページのカグヤとセーラの会話の意味はわかったかな？「明るい」には、「光が強い」、「せいかくなどが活発なようす」、「あざやかな色」などの意味があるよ！
いろいろな意味を持つ言葉は、どの意味で使われているかを考えようね！

練習問題の答え
1 位・泣・初・祝（使わなかったカードは水・氵・冫・力）

同じ音でもいろいろな意味を持つ言葉があるんだよ。休み時間の会話を聞いてみよう！

3

いろいろな意味を持つ言葉

教室で、いろいろな意味を持つ言葉を覚えよう。

カグヤ、今日はなんだか**明るいね〜**。

わかる？今日はわたし、気分がいいんだ！

「このいちご、**あまい**ね。」
→味が「あまい」んだね。

「お母さん、妹には**あまい**よね。」
→お母さんは妹にきびしくないんだね。

あまい

え？！わたしが言ったのは、教室のあかりのことだけど、何かいいことあった？

「かぜを**ひく**。」
→かぜのバイキンが体に入ってしまったんだね。

「カグヤ、ピアノを**ひく**の上手だね。」
→ピアノを「えんそう」することだね。

「神社でおみくじを**ひく**よ。」
→くじを「ぬきとる」という意味だね。

ひく

Let's TRY

練習問題

1 カードを二まいずつ組み合わせて、四年生で習う四つの漢字をつくりましょう。

兄　彡　冫　立　ネ　亻　力　立　刀　氵　衤　水

カードは4まい残(のこ)るよ！同じカードは2回使わないよ。
カードは全部使うの？？？

練習問題の答え

1 (1) ①るい・たぐ・い ②貞・おおがい ③十八(18)
(2) ①さつ・す・る ②リ・りっとう ③八(8)

2
形のにた漢字①
運動会で漢字を覚えよう。
今日は運動会。徒競走で1位、2位、3位の子が表しょう台にのぼってるよ。
1位だよ！
初の2位！
泣
(;_;)
1
2
3
3位の子が泣いてるね…。「位」と「泣」って「へん」がちがうみたいだけど…。
セーラ、「氵（さんずい）」は水に関係する漢字につくことが多いんだって。「亻（にんべん）」は人に関係する漢字につくことが多いよ！
そっか！
2位の子は初めての表しょう台なんだって。
みんなからお祝いの言葉をもらっているよ。
あれれ、「初」と「祝」は左の部分がにているね。
よく見て。「初」は「衤」、「祝」は「ネ」だね。「ネ（しめすへん）」は神や、めでたいことに関係する漢字によく使うよ！　たとえば、「神社」とかね。「初」の部首は「刀（かたな）」だよ。

Let's TRY 練習問題

練習問題の答えは次のページにあります。

1 次のかん字を、漢字辞典の①～③のさくいんで調べます。空らんにあてはまる内ようを書きましょう。送りがなは「ー」の下に書きましょう。

①音訓さくいん
②部首さくいん（部首と部首名）
③総画さくいん

(1) 類
①音　訓 ー
②部首　部首名
③総画数　画

(2) 刷
①音　訓 ー
②部首　部首名
③総画数　画

読み方がわからなくても調べることができるのね！
そうだよ。部首の名前も書いてあるから便利だね。
わからない漢字が出てきたら漢字辞典で調べて、辞典の使い方になれよう!

1 漢字辞典の使い方

漢字辞典の使い方を覚えよう。

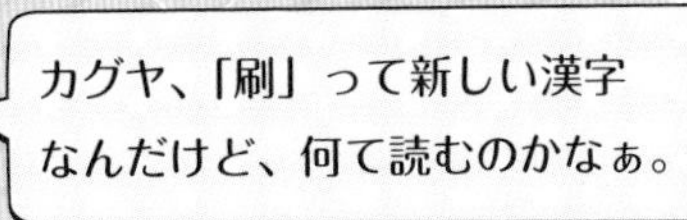

漢字の読み方や使い方を知りたいときは、
漢字辞典を使って調べてみよう！

カグヤ、「刷」って新しい漢字
なんだけど、何て読むのかなぁ。

そういうときはね、漢字辞典！
読み方がわからないなら、
総画数か部首で調べてみよう！

漢字辞典？
国語辞典とはちがうの？

うん、ちがうよ。漢字辞典は、漢字の読み方、
使い方、画数など、漢字のことが書いてある
辞典だよ。まずは使い方を覚えようね。

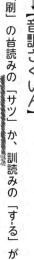

たいせつ

1 一つでも読み方がわかるとき
→【音訓さくいん】

「刷」の音読みの「サツ」か、訓読みの「す-る」がわかるときは、読み方を五十音順にさがすよ。

2 部首がわかるとき→【部首さくいん】

「刷」の部首は「刂（りっとう）」だね。「刂」は二画の部首なので、二画の部首から「刂」をさがすよ。次は、部首が「刂」の漢字の中から、部首以外の「屌」の画数で「刷」をさがすよ。「屌」は六画だね。

3 読み方も部首もわからないとき
→【総画さくいん】

たとえば「刷」の総画数は八画なので、八画の漢字の中からさがすよ。

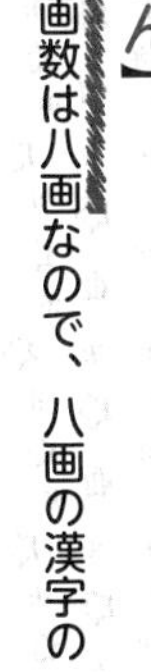

5
時間目
国語
Japanese

運動会、スキー場、
動物園…。いろんな
シーンで国語を
学ぼっ！

チェックテストの答えと解説(かいせつ)

これで4年生の
おうちスタディは
バッチリよ！

英語

1 (1) f　(2) m
(3) Y　(4) R

2 (1) onion　(2) Wednesday

3 (1) Hello.　(2) leave my house
(3) Goodbye.

4 (1) c　(2) r

アルファベットも
単語もかんぺきに
覚えたな？
やったぜ！

かいせつ

4 (1) carrot「ニンジン」，cabbage「キャベツ」
(2) Thursday「木曜日」，Friday「金曜日」

算数

1 (1) 13　(2) 19あまり4　(3) 142
(4) 0.7　(5) 36　(6) 1

2 (1) 5兆　(2) 4000　(3) $\frac{24}{9}$

3 15度

4 (1) 4cm　(2) 75度

5 $225cm^2$

6 面の数　6　辺の数　12　頂点の数　8　7 8人

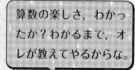

算数の楽しさ，わかったか？わかるまで，オレが教えてやるからな。

かいせつ

3 60°－45°＝15°より，15度。

5 正方形の面積＝1辺×1辺より，15×15＝225(cm^2)

理科

まちがえたところは，もう一度やり直そう。オレといっしょに…。

1 (1) 図1　直列つなぎ　図2　へい列つなぎ

(2) 図1

2 (1) イ・オ　(2) ウ　3 イ

4 (1) 100℃　(2) 湯気　えき体　水じょう気　気体

5 (1) 春　(2) 冬

かいせつ

1 (2) かん電池2こを直列つなぎにすると，かん電池1このときより電流は大きくなり，モーターは速く回ります。

2 (1) ほねとほねのつなぎ目で，からだを曲げることができるところを関節(かんせつ)といいます。

5 (2) トノサマガエルは，土の中で冬をこします。

社会

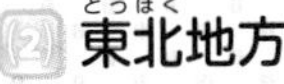

1 (1) 九州(きゅうしゅう)地方　(2) 東北(とうほく)地方

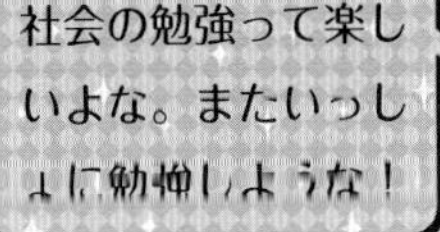

社会の勉強って楽しいよな。またいっしょに勉強しようよな！

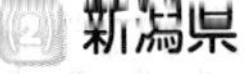

2 (1) 北海道(ほっかいどう)　(2) 新潟県(にいがた)

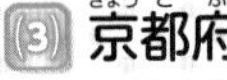

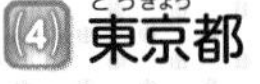

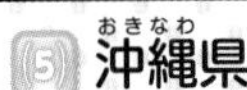

(3) 京都府(きょうとふ)　(4) 東京都(とうきょう)　(5) 沖縄県(おきなわ)

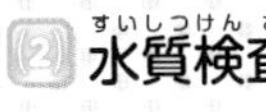

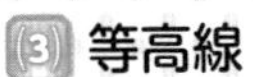

3 (1) リサイクル　(2) 水質検査(すいしつけんさ)　(3) 等高線

4 イ→ア→ウ

かいせつ

3 (1) リユースやリデュースとまちがわないように気をつけましょう。

(2) じょう水場は，水をきれいにするしせつです。水質検査で安全な水かどうかをたしかめます。

4 アは7月，イは2月，ウは9月に行われます。

国語

1
(1) 一位・泣　(2) 初・祝　(3) 書類・順
(4) 自信・付　(5) 改・新　(6) 冷・覚
(7) 放課後　(8) 静

2
(1) それとも　(2) だから　(3) しかし

3
(1) 大きく　(2) あわてて
(3) さわやかな　(4) きれいな

国語好きになってくれたかな？これからも，ぼくとがんばっていこう！

かいせつ

1 (2) 「衤(ころもへん)」と「礻(しめすへん)」のちがいに気をつけましょう。

2 (2) 「走るのが速い」ことが理由となり，その結果，「選手に選ばれ」ているので，「だから」があてはまります。